SEMENTEIRA

GRÃOS PARA TRANSFORMAR RADICALMENTE A SOCIEDADE VIA POLÍTICAS CULTURAIS

Coordenação editorial
Cauê Seignemartin Ameni, Hugo Albuquerque, Manuela Beloni
Prefácio: Dennis de Oliveira
Revisão: Márcia Ohlson
Diagramação: Biana Fernandes
Capa: Rodrigo Corrêa

Dados Internacionais de Catalogação na Publicação (CIP)
(eDOC BRASIL, Belo Horizonte/MG)

Turino, Célio.
T938s Sementeira: grãos para transformar radicalmente a sociedade via políticas culturais / Célio Turino. – São Paulo, SP: Autonomia Literária, 2025.
224 p. : 14 x 21 cm

ISBN 978-65-5497-048-8

1. Educação. 2. Brasil – Políticas cultural. 3. Necropolítica. I. Título

CDD 306.4

Elaborado por Maurício Amormino Júnior – CRB6/2422

Autonomia Literária
Rua Conselheiro Ramalho, 945
CEP: 01325-001 São Paulo – SP
autonomialiteraria.com.br

Célio Turino

SEMENTEIRA

GRÃOS PARA TRANSFORMAR RADICALMENTE A SOCIEDADE VIA POLÍTICAS CULTURAIS

Autonomia Literária
2025

SUMÁRIO

Para Silvana
com quem divido outono,
noites e manhãs.

PREFÁCIO

Era um dia meio nublado, típico daqueles do mês de março que prenuncia o outono quando encontrei Célio Turino para um almoço na USP. O ano era 2011, início do terceiro mandato liderado pelo PT, com Dilma Rousseff à frente e Célio tinha tentado, sem sucesso, uma cadeira de deputado federal na eleição do ano anterior. Conhecedor e entusiasta do seu trabalho no Ministério da Cultura, especialmente no Programa Cultura Viva cuja concepção era muito próxima a de que defendiam eu e meus colegas do Celacc (Centro de Estudos Latino Americanos sobre Cultura e Comunicação), minha intenção era trocar ideias com ele e, quem sabe, integrá-lo ao nosso time de estudiosos do campo da cultura.

Em determinado momento, no restaurante, Célio pega minhas duas mãos e diz olhando nos meus olhos: "Muito obrigado pelo convite". Aquele foi o início de uma relação afetiva que imaginava ser política, quando o apoiei na candidatura, ou intelectual, quando pensei em convidá-lo a integrar a equipe celaqueana.

Ao ler esta obra que ele gentilmente me convidou a prefaciar, percebi como estava limitando os meus pensamentos ao ter a mera intenção de colocar a nossa relação pessoal em uma caixinha. "Primeiro, existimos para depois atribuirmos significados a nossa existência" afirma ele em determinado momento da sua obra para introduzir a sua defesa do existencialismo como forma de transcender a oposição entre idealismo e realismo como epistemologias de conhecimento. Mais que epistemologia, o existencialismo sinaliza para um tipo de sujeito que, por sua vez, estabelece formas de relação. O convite ao almoço que fiz naquele momento não era uma formalidade, mas sim uma demonstração de afetividade que permeou vários outros momentos em que nos encontramos, desde a construção da organização Raiz, aos projetos de formação sobre cultura negra e a tradição ubuntu, a participação na candidatura coletiva a deputado federal em 2018 e a minha entrada na cátedra Scholas Occurrentes, do Vaticano, por intermédio dele.

Passear pela obra – sim, porque não é uma leitura, mas sim um caminhar – instiga, provoca, emociona e faz pensar. É a prática do sentirpensar, tão falado por Orlando Falls Borda. Mas vou além e ele diz isto em determinada passagem, é o sentir-pensar--agir, tão presente no romantismo militante dos membros da ação católica nos anos rebeldes 1960 e que foi paulatinamente sendo devorada, deglutida e deformada nas formas de incidência política de uma esquerda que se burocratizou e se acomodou, tapando os olhos para as ervas daninhas da barbárie que foram brotando e se fortalecendo.

É preciso construir o "novo", mas além do instrumentalismo da destruição criadora da modernidade eurocêntrica, e nem tampouco se render aos relativismos pós modernos que Célio corretamente chama de ditames do Poder Absoluto que cria uma dissonância cognitiva marcada pelo desalinhamento entre crenças, atitudes e sentimentos. E a primeira semente que ele traz é fruto de uma indignação que foi se perdendo com o cinismo do pragmatismo político burocrático:

"De todos os (muitos) fracassos em política social e cultural no Brasil o maior de todos é o conformismo com o analfabetismo. Uma nação não pode deixar pessoas para trás e considerar que isso seja algo normal. Não tratar o tema como prioritário, o primeiro de todos em política social, cultural e educacional, é uma rendição ideológica, uma derrota moral que está nos mantendo no falhanço civilizatório."

A transformação do humano se dá pela sua recuperação como sujeito que se conecta ao senso de realidade pela cultura, esta não oposta à natureza como o eurocentrismo prega, mas articulada.

É a Cultura Viva. A cultura brota da terra – *cultura é agricultura* – necessita de raiz que é a memória construída a cada momento, pelas existências e experiências e cujas sementes são a ancestralidade e a arte. Sem estar junto com a aprendizagem e formação cultural (caule), criação e produção (flores e frutos) e a difusão (copa), a cultura é morta – é, na verdade, uma *nãocultura*. É isso que querem nos impor ideias como indústria cultural, economia criativa e outros invencionismos eurocêntricos e capitalistas.

A rendição a este "realismo capitalista" para pegar emprestadas as palavras de Mark Fischer brotou as ervas daninhas da barbárie da dissonância cognitiva e todos seus derivados, o machismo, racismo, capacitismo, LGBTfobia, opressões várias... Não se trata de uma lei da selva, metáfora muito usada por alguns críticos da ordem atual porque a selva tem sentido e não é dissonante. É simplesmente a destruição do planeta – da selva, inclusive – por uma barbárie travestida de civilização. Contra isto, não basta apenas ocupar os lugares confortáveis onde se apertam os botões como uma certa esquerda burocrática institucional acredita. Mas agir para transformar. A Cultura Viva aqui é a utopia, aquela recitada por Fernando Brant na capa do velho disco *Caçador de Mim*, de Milton Nascimento:

> *(...) Estão velhos ou mortos os homens*
> *que acreditam nos homens?*
> *Os justos estarão no fim? Não e não.*
> *Assim como a injustiça, a violência e o ódio*
> *se espalham e deixam seu rastro de miséria*
> *por onde passam – a semente de amor,*
> *dignidade e justiça que recebemos*
> *frutifica e também estende seus braços (...).*

Não pensem que se trata apenas de delírios dissociados do real de Célio, pois todas as suas reflexões são construídas a partir da sua experiência, vivências e trânsitos na coordenação do Programa Cultura Viva, na visita aos povos originários de Chiapas, no México; no Triângulo do Norte da América Central (Guatemala, Honduras e El Salvador) e em várias experiências culturais nas cidades latino-americanas. E a mensagem é otimista: é possível construir um mundo diferente, começando por uma nova ordem política - um Estado de novo tipo, obdencial e ampliado - uma Cultura como campo de realização de existência plena e um novo sentido da condição humana.

E para começar a construir a utopia, o Mutirão Paulo Freire para erradicar o analfabetismo.

Caminhemos, pois, por esta obra e vamos semear as nossas existências para um novo mundo.

—

Dennis de Oliveira é professor da Universidade de S. Paulo, coordenador do Celacc (Centro de Estudos Latino-Americanos sobre Cultura e Comunicação), pai da Camila e amigo do Célio Turino.

SEMENTEIRA
grãos para transformar radicalmente a sociedade via políticas culturais

Direto ao ponto, sem delongas, sem apresentação ou justificativas, espalhando sementes.

Grão 1 – Mutirão Paulo Freire

De todos os (muitos) fracassos em política social e cultural no Brasil o maior de todos é o conformismo com o analfabetismo. Uma nação não pode deixar pessoas para trás e considerar que isso seja algo normal. Não tratar o tema como prioritário, o primeiro de todos em política social, cultural e educacional, é uma rendição ideológica, uma derrota moral que está nos mantendo no falhanço civilizatório.

No prazo de dois anos é possível tornar o Brasil Território Livre do Analfabetismo[1] com a alfabetização de oito milhões de brasileiros e brasileiras em processo de mutirão[2]. Em não havendo essa prioridade nacional, que venha pelos municípios. Como? Mobilizando recursos do próprio local, educadores, estudantes e pessoas de boa vontade que se disponham a estender a mão ao próximo, educadores aposentados, profissionais em tempo livre, enfim, quem quiser se juntar em mutirão. Algo que aconteça nas praças públicas, locais de trabalho, moradia, na roça, nas construções, nos Pontos de Cultura e bibliotecas, promovendo ações inclusivas junto a pessoas com deficiências intelectuais e demais necessidades especiais.

A mensagem tem que ser: ninguém será abandonado!

Uma mobilização de encantamento social só pode ser alcançada quando a Cultura convoca vontades para um propósito comum. Território Livre do Analfabetismo vai além do *"assinar o nome"*. O Sistema de Educação Formal, por décadas a fio, infelizmente, revelou que essa meta não tem sido colocada como emergência nacional. Aqui não me atenho às razões, dificuldades e demais urgências, igualmente necessárias e emergenciais, o ponto está em como enfrentar a questão para já, de forma tempestiva e definitiva. Tem sido uma obrigação civilizatória que se estende por décadas. Não há tempo a perder! Já perdemos muito tempo.

Entre as organizações sociais e políticas brasileiras a única que leva a sério esse desafio é o Movimento dos Trabalhadores Rurais Sem Terra - MST, que já alfabetizou 100 mil adultos em acampamentos e assentamentos rurais. Certo dia um velho camponês sem-terra se aproxima da liderança do movimento e diz:

> *"Não tenho inveja de quem tem terra, quem tem carro. Eu tenho inveja de quem sabe ler e escrever."*

Não é possível que governantes, do espectro político que for, desde que imbuídos de humanismo e respeito ao próximo, deixem de perceber a dimensão libertadora de uma pessoa se sentir plenamente alfabetizada. Se governantes não percebem isso, pior ainda quando ativistas sociais e políticos não colocam essa demanda como prioridade absoluta. Transformar o Brasil em Território Livre do Analfabetismo tem que ser o *Grão 1* da Cultura. O primeiro ponto em um programa de governo.

Um processo coletivo de alfabetização de jovens a velhos, passando por pessoas com deficiências, não diz respeito apenas a eles e seu entorno próximo, realizar esse objetivo como um esforço concentrado da sociedade é, antes de mais nada uma ação que impacta os modos de ser de toda a coletividade. Escutando uma educadora do MST, Lizandra Guedes, coordenadora de alfabetização do Maranhão, é possível compreender o que representa essa conquista, ainda mais quando assumida por todo um país:

> *"Primeiro porque representa um resgate da dignidade humana. Nós vivemos em uma sociedade letrada. Não saber ler e escrever implica em um conjunto de humilhações diárias impostas aos trabalhadores. Segundo que isso vai implicar em uma continuidade de estudos. Alfabetizado, esse sujeito se encoraja a se aventurar em outras atividades, a seguir os seus estudos no ensino formal. Saber ler e escrever está em uma dimensão muito específica de nós, como seres humanos."*

A cultura tem condições de adotar a alfabetização de jovens e adultos como sua prioridade porque, para além dos métodos pedagógicos e recursos, ela mobiliza afetos, criatividade, leituras de mundo. Do contrário seguiremos na toada tecnocrática (e nada humanista) de que os índices de analfabetismo serão reduzidos na medida em que a mortalidade alcançar as pessoas mais velhas (onde há maior índice de analfabetos) e as crianças forem sendo alfabetizadas na idade certa. Sim, é necessário alfabetizar as crianças na idade certa e esse é um desafio imenso, mas também é necessário não deixar os demais para trás.

Alfabetização como um valor social é um ato de Cultura. Paulo Freire sabia disso, tanto que iniciou seu método a partir de Círculos de Cultura[3]. Honremos essa memória. Nosso país conta com uma profusão de nomes de referência em filosofia, pedagogia e prática da educação. A começar pelo maior de todos, o brasileiro mais lido e citado em estudos acadêmicos em todo mundo, Paulo Freire. E não só ele. Nísia Floresta, a jovem potiguar que no início do Brasil independente percebeu na educação o caminho para a emancipação das mulheres e da sociedade; Dionísia Floresta Augusta Brasileira, educadora e feminista nascida no início do século XIX. E Francisca

Senhorinha da Motta Diniz, educadora e jornalista, editora do primeiro jornal feminista de grande circulação no Brasil, *O Sexo Feminino*, no século XIX, que alcançava uma grande circulação para a época, de 4 mil exemplares por edição. Ela dedicou-se à educação de meninas, então privadas de parte do currículo em matemática, ciências, história e geografia, reservados apenas para os meninos. Grande defensora da educação pública e de qualidade, ela predizia:

> *"Derrame-se a instrução pela população desse vasto Império* [...] *Incuta-se no povo o amor à leitura; eduque-se a juventude de ambos os sexos; preparem-se as mulheres para dignas esposas, e ver-se-ão a ignorância, o fanatismo e a superstição, estes três inimigos piores que a peste a fome e a guerra, desaparecerem da face da Terra, batidos e combatidos pela ciência, ficando a humanidade aliviada do peso daquela trindade infernal."*[4]

O vaticínio de "Senhorinha", como ficou conhecida sob o Brasil da monarquia e início da república, ainda não foi plenamente compreendido, sequer escutado. Nem de Leolinda Daltro, outra grande *Educacionista* brasileira. Leolinda foi precursora da educação indígena e laica no Brasil, havendo participado do Serviço de Proteção ao Índio - SPI, fundado por Cândido Rondon em 1910, professora na *Escola Orsina da Fonseca* para meninas, localizada na Capital Federal e um dos principais centros luta social e política pelos direitos das mulheres no Brasil do início do século XX, fundadora do Partido Republicano Feminista e uma das principais referências na luta pelo sufrágio feminino em nosso país.

São muitas histórias apagadas. Em 1932 educadores e educadoras brasileiros lançaram o "Manifesto dos Pioneiros da Educação Nova". Dentre tantos nomes cito dois: Anísio Teixeira e Cecília Meireles. Os pioneiros da Educação Nova propunham uma educação aberta, revolucionária, emancipadora, a Escola Pública como "Fábrica de Democracia", nas palavras de Anísio. Em paralelo, Antonieta de Barros, educadora e primeira deputada negra eleita no Brasil, dedicava sua vida à alfabetização no sul do país. Mário de Andrade criava os Parques Infantis na cidade de São Paulo, em 1935, abrindo espaços de cultura e recreação para crianças do ensino primário se encontrarem no contraturno Escolar; aprendiam teatro, folclore, marcenaria, danças brasileiras, música..., uma proposta de vanguarda até para os dias atuais[5]. E Darcy Ribeiro, grande mestre, pensador e agente público que dispensa apresentações. E Eda Luiz, "Dona Êda", diretora do Cieja Campo Limpo, na zona sul de São Paulo, demonstrando que é possível realizar uma educação acolhedora e transformadora a partir do chão das comunidades, promovendo cultura inclusiva, educando pessoas com deficiências intelectuais ao lado de velhos, adultos e jovens, acolhendo pessoas durante a pandemia de Covid-19. Carregando um tijolo mostrou ao mundo como era a sua casa, assim ganhou prêmio da Unesco como uma das escolas mais inovadoras do Brasil.

A lista de abnegadas e dedicadas educadoras e educadores brasileiros é tão grande, tão grande que não cabe em mil folhas. A despeito de tanta gente boa, competente, corajosa e gentil, por qual razão ainda seguimos como um país com tantos analfabetos?

Recordo de um amigo que iniciou a militância política alfabetizando camponeses no interior da Bahia. Ele contou-me que sentiu os efeitos do Golpe Civil-Militar de 1964 quando, ao entrar no galpão em que lecionava deparou-se com o gravador de rolo todo destruído. Era o instrumento que ele utilizava para a alfabetização de adultos. Para descrever a história recorro a um poema que escrevi:

Gravador de Rolo

Para Ronald Freitas, amigo-camarada
que contou essa história para mim.
Agora repasso a quem queira escutar

Um velho barracão,
Tulha a guardar ferramentas, grãos e sementes.
Entre catingueiras, angicos e bromélias,
A gente pobre do sertão.

Camponeses meeiros,
Gente analfabeta a quem tudo foi negado.
Mandioca, milho, fava, feijão,
Era tudo que plantavam.

No interior do nordeste do Brasil,
Nas tardes de domingo,
Se dirigiam ao barracão,
Não mais para guardar ferramentas e grãos.

Mas para pegar sementes
De outro tipo,
Sementes da cultura e da educação,
Um círculo de cultura a ensinar as letras.

Todo domingo,
Semana após semana,
Da cidade ao campo,
Para lá se dirigia um jovem estudante.

Ensinava a ler e escrever sob o método de Paulo Freire
Com auxílio de uma lousa e um gravador de rolo.
Circulavam letras, amor e esperança,
Do gravador saiam histórias, música e memória.

Toda semana aos domingos,
Após a missa,
Camponeses aprendiam a ler e escrever
Assistindo aulas, cantando música, compartilhando histórias.

E o gravador de rolo,
Grande, desengonçado, como os gravadores da época.
Guardado com carinho no barracão que era Tulha,
Bem atrás das ferramentas.

Toda semana aos domingos
Escondiam o gravador
Da sanha do patrão.

O patrão já havia dito:
Nas terras que eram dele máquina de difundir ideias não seria permitida.
Ordem dada:
Se o capataz encontrasse era para destruir

A voz de Paulo Freire saída daquele gravador desengonçado.
E histórias, músicas e aulas

Um dia de domingo,
Como em todos os dias de domingo,
O jovem educador foi ao campo
E adentrou no barracão.

O povo estático,
O gravador estatelado,
A lousa arrebentada.
Nunca mais houve aula naquele lugar.

Dia 31 de março de 1964:
O golpe civil-militar se fez anunciar.
Aula emudecida, esperanças desencantadas.
E o gravador de rolo estraçalhado no chão do barracão.

História dobrada, passada, presente,
Ecoada entre grãos e poeira do tempo.
Eu conto agora
Da memória do jovem estudante.

Por qual razão destruíram um velho gravador de rolo que auxiliava na alfabetização de camponeses pobres? Pela mesma razão que hoje difamam e atacam Paulo Freire, mesmo sem nunca haverem lido uma linha do patrono da educação brasileira. São fragmentos dispersos que ecoam em espirais de ódio. Na última década temos assistido essa situação se agravar com a atemorização e constrangimento de professores, invasão de escolas, incentivo a alunos para que filmem e afrontarem seus mestres, ataques à liberdade de cátedra nas salas de aula, livros sendo rasgados, queimados e jogados no lixo. Tudo para abrir terreno ao ensino instrumental[6] a abrir caminho para idiotização e imbecilidade. A proposta de Mutirão Paulo Freire é para cerzir o tecido rasgado da educação brasileira, retomando os ideais de um Brasil que se pensava generoso, bonito como o futebol que começava a encantar o mundo com a seleção de 1958/62, visceral como o Cinema Novo, elegante como a Bossa Nova, democrático, corajoso e profundo, como se pretendia com as Reformas de Base.

Mutirão Paulo Freire, nome que é sentido e significado. A homenagem a Paulo Freire e sua pedagogia amorosa, mas também poderíamos homenagear Chico Mendes em Mutirão pelo Ambiente, Nise da Silveira pelas artes e inclusão, e o Projeto Rondon, esse deveria voltar com toda força para levar jovens universitários aos rincões mais esquecidos do país. Há um sentido de afirmação cultural com essas homenagens e Mutirões, que podem incluir cara e homenageados locais, inclusive.

Mutirões são mobilizações coletivas para o Auxílio Mútuo, ações concentradas, que no caso deveriam acontecer em um curto espaço de tempo (dois anos), juntando todas as capacidades e potências do povo. Há que ter coragem, generosidade, capacidade, disposição, competência. Basta de conformismo! Mesmo que aconteça em uma única cidade ou vilarejo. É preciso acontecer! Mutirão como um grito fundo à nossa alma ancestral que se religa ao *Motirô* do povo Tupi. Mutirão dos caipiras quando em colheita ou a erguer uma Casa Comum. Mutirão das Favelas, acompanhado de festa, samba, comida e cerveja, quando finaliza uma obra na laje. Mutirão Paulo Freire, está na hora de homenageá-lo na prática e de tornar o analfabetismo de adultos coisa do passado[7]. Tantos países conseguiram, por qual razão o Brasil não há de conseguir?

Apelo às candidatas e candidatos a prefeituras e câmaras de vereadores, governos estaduais, assembleias legislativas, congresso nacional, presidência agentes sociais, ativistas da educação e cultura. E a quaisquer pessoas de boa vontade que desejam contribuir, seja na construção dos programas e metas de governo, seja na ação direta. Em diálogo com a educação, **transformem seus municípios em Territórios Livres do Analfabetismo**!

Se nada mais puderem fazer, já terão feito muito. Abro esse livro de Sementeira com esse *Grão* porque o que será cultivado é a semente que se dissolve em outras sementes, marcando-as com o DNA da solidariedade e do cuidado com o próximo.

O Grão para um povo que deixa de ser "em si" e se faz "para si". Chegou o momento de o povo brasileiro decidir não abandonar ninguém. Sem essa decisão a Cultura não vale a pena, vira ornamento, signo de distinção, poder e mando. Alfabetização plena tem que ser um Valor Nacional. O Mutirão Paulo Freire não impacta somente a vida da pessoa alfabetizada e seus próximos, impacta a Nação enquanto valor comunitário. Isso é Cultura.

Deve haver um vilarejo, um município, quiçá muitos, melhor todos. Essa é uma meta que não se pode adiar. E que precisa ser resolvida definitivamente. **Somos capazes de tornar o Brasil Território Livre do Analfabetismo no período de dois anos**. Comecemos pelos municípios. Já! Fazer brotar esse Grão é ver:

> "*o horizonte deitar no chão*
> *Pra acalmar o coração*" (Arnaldo Antunes).

Há um *Vilarejo* ali.

Ou não há?

Grão 2 – Cultura é Agricultura

Arar, preparar o solo, a sachadura, revolver, fofar a terra. Adubar. Depois a semeadura. A vida brotando da terra, o cuidado com as plantas, as ervas daninhas, as pragas. Água, poda, ceifa. A colheita (acompanhada de festa). E depois tudo novamente. Sem se esquecer de separar as melhores sementes. E de novo. E de novo.

Pensem na Cultura como agricultura. Melhor ainda, como agrofloresta, quanto mais diversa, integrada e dinâmica, mais rica será. Um processo, jamais como produto, coisa estanque. A Cultura vai e volta. Como o movimento das copas das árvores. Ao mesmo tempo que se movem estão fixas no tronco.

Em uma floresta as árvores se comunicam pelas raízes fincadas sob o solo. Assim se mantém vivas e se protegem. A Cultura vira morta quando ela se afasta do tronco da comunidade, se desgarra de suas raízes deixando de ser caule por onde passa a seiva. Daí seus galhos apodrecem, suas flores perdem aroma e seus frutos ficam amargos. Tudo empaca pasteurizado, vulgar, grosseiro ou insípido.

A criação deixa de ser criativa quando desenraizada, sucumbindo às normas da economia dominante (e vira "Economia Criativa" – conceito anglo-saxão que absorvemos acriticamente). Arte fugaz, distorcida, ofuscada pelo mercado.

Cultura Viva é o oposto. Só é viva porque diversa e complementar. Não é monocultura, é um mundo em complexidade, que é identidade e diversidade. Jamais um ou outro, isso ou aquilo, é isso e aquilo, um e outro. Como floresta diversa e complementar, cada folha, mesmo as partes secas e desprendidas da árvore, tem uma função. Cada ser que transita pela árvore e pela floresta tem o seu papel, desde que se lhes deixe viver. Até quando a morte o transforma em adubo. Com a Cultura também é assim.

É simples e é complexo.

Quando a Cultura é uniformizada, reduzida a apenas uma expressão ou sentido, ela se torna cultura morta. Pior, cultura da morte, por violenta, vulgar e fundamentalista, por negar o Outro. Não se esqueçam da sachadura, fofem a terra, tratem-na com cuidado. Guardem água e não deixem de regar as plantas.

Eventos descolados de contexto, espetáculos desprovidos de sentido, descontinuidades, interrupções, tudo isso mata a Cultura e as Artes. Para manter a Cultura Viva é preciso se mover de forma orgânica, circular e espiralada, conectando simplicidade e complexidade.

Não há cultura sem referências e ancestralidades, sem memória, sem formação e aprendizagem.

Não há cultura sem processo, sem invenção, sem produção e circulação. Isso tudo tem que estar conectado.

Cultura é Ato Comunicativo, conecta pessoas, gerações, a presente, as passadas e as futuras. Amalgama povos. Não apenas uma parte, mas todas. Cultura é unidade que é o Todo. Na metáfora da árvore:

- Ancestralidades (semente);
- Memória (raiz);
- Aprendizagem e formação cultural (caule);
- Criação/produção (flores e frutos);
- Difusão/circulação (copa);
- Arte (semente novamente).

Quem compreende a cultura como agricultura melhora as sementes e promove a dispersão delas para longe da planta-mãe. Planta futuro, colhe passado, vive o presente. Semeai. Semeai...

Grão 3 – Compreensão da realidade

A realidade existe. É o mundo em que vivemos, inclui todas as coisas físicas, eventos e seres, independente da percepção individual. É o estado das coisas como elas são, para além de nossas opiniões e interpretações. Mesmo sem conseguir definir de forma precisa, a realidade se sente, é o que dá liga aos fluxos da vida. Nos tempos atuais, com Pós-verdade e Fake News, Deep Fake, Manipulação Algorítmica e Inteligência Artificial, ter uma adequada compreensão da realidade é vital para nos localizarmos no mundo.

Conhecer a realidade e interpretá-la corretamente é o único caminho para não nos transformarmos em objeto de manipulação, seres coisificados.

São os sentidos e os significados que damos ao real que nos colocam em movimento e nos permitem interpretar o mundo. Ao longo da história pensadores se debruçaram sobre a compreensão da realidade. Para filósofos realistas o mundo existe por si só, mesmo que não estejamos conscientes. Fenômenos, objetos e eventos são acontecimentos que têm existência objetiva, como expressão do real, independente da mente humana. Para idealistas seria o oposto, a realidade é amoldada pelas percepções sensórias da mente, pelo que nossa consciência define para a existência. As percepções, pensamentos e interpretações é que estabeleceriam o que é real e o que não é. São concepções distintas, com impacto na vida das pessoas e do planeta. E para você, o que é realidade?

Se consideramos que mundo existe por si só, mesmo que não estejamos conscientes dele, reconhecemos a existência objetiva como expressão do real. Todavia, desde a ancestralidade de distintos povos, muitos compreendem que a realidade seria o que a nossa mente (individual ou coletiva) e nossa consciência (própria ou externa) definem para a existência. Seriam as percepções, pensamentos e interpretações que estabeleceriam o que é real e o que não é. É real aquilo que o "eu" acredita que seja real. Daí as "tomadas de visão", os transes, a fé. Essa interpretação idealista (prevalência das ideias sobre as coisas) leva as pessoas a se guiarem por seu sistema de crenças independente dos fatos. "A fé remove montanhas"; de fato (realmente) remove. Há uma energia que move a fé, fazendo com que essa remova a realidade aparentemente objetiva (e as montanhas tão grandes e irremovíveis a ponto de não poderem ser movidas, são removidas ao final).

Como a fé, a ciência também move montanhas. A diferença está no método. O idealismo levado ao limite também resulta em dissonância cognitiva e faz com que as pessoas embarquem em realidades paralelas, mesmo quando continuamente desmentidas pelos fatos. Aqui não se trata de uma questão hipotética apenas, de um enunciado filosófico, mas de tema objetivo, com impacto real na vida das pessoas e do planeta. O negacionismo em relação às vacinas, ao holocausto, ao clima, as realidades paralelas e teorias da conspiração, são expressão dessa forma de pensar. Esse descolamento da realidade mata e já produziu os piores horrores.

Cultura e Arte contribuem para abordagens que se concentram na experiência e na percepção. Pelo assombro e o maravilhamento, pelo sensível e o reflexivo entrelaçados. Arte leva as pessoas a se deslocarem da própria realidade, ela não dissolve o real, mas produz uma transferência que leva a pessoa a se perceber "fora e dentro" da própria realidade. Elabora exercícios de alteridade, de se reconhecer no Outro a partir da ativação das emoções, percepções e reflexões. Produz um jogo sensorial que possibilita uma melhor interpretação do mundo e o entendimento de como os fenômenos se manifestam independente de sua existência material e objetiva. Pela Cultura examinamos a importância das subjetividades, de como as pessoas vivenciam e dão significado à realidade.

Unindo Arte e Cultura (que nem sempre estão unidas) se faz brotar uma Ação Transformadora. Transformando a ação nos emancipamos.

A realidade é complexa e paradoxal. Primeiro existimos para só depois atribuirmos significado à nossa existência por meio de escolhas e ações. Não se trata de uma existência individual, atemporal e não espacial, mas de um processo histórico em que os valores das sociedades vão sendo transformados em autocultivo. Nós somos o que fazemos de nós. Porém, esse ser construído e em construção também é resultado daquilo que nos fizeram ser o que somos. Nos autocultivamos, mas também somos cultivados.

Para além das correntes realista e idealista, há o existencialismo, que percebeu que é a existência que define a essência, não o contrário. Não há um Ser predeterminado, porém, nossa existência carrega sentidos precedentes que interferem na nossa construção, que é herdada. As partes de nossas heranças e legados que permanecerão em nós dependem da Ação Cultural que incidirá sobre nós.

Ainda na definição de realidade. Outros consideram a realidade como a composição de matéria e energia, toda ela podendo ser reduzida a elementos físicos e tangíveis, incluindo nossa mente e consciência, que são produtos de atividade cerebral que combina massa e impulsos elétricos, matéria e energia. Nessa perspectiva materialista a realidade é matéria. Mas ainda assim a existência tem algo de complexo que não compreendemos. O 1% que falta para a plena compreensão da combinação entre massa e energia. Esse é o território da Cultura.

Cultura, produto e vetor de transformações ao mesmo tempo, um campo de pulsação contínua, com movimentos de expansão e retração. Momentos de revolução ou regressão civilizatória são resultados dessa pulsação diversa e indeterminada, Cultura, linguagem e normas sociais, desempenham papel fundamental na criação da realidade compartilhada pelas sociedades.

Grão 4 – Cultura + Natureza = Cultura Viva

A realidade existe independente dos indivíduos, sendo uma complexa teia de seres (para além dos humanos). Mas a realidade também é construída socialmente por meio das interações e acordos entre os indivíduos. Esses padrões podem ser observados e interpretados quando aproximamos Cultura de Natureza. Os humanos não mais "à parte" da natureza (o que nunca foi, mas pensa-se possível) e sim como "parte" da natureza. Observando essa historicidade, há alguns anos formulei a seguinte equação: Natureza + Cultura = Cultura Viva.

Para chegar a essa conclusão dediquei minha vida a leituras, observações, pensamentos e fazeres. Aparentemente uma equação muito simples. Mas não é. O pensamento eurocêntrico, sobretudo, mas não só, há séculos moldou nosso pensamento para interpretarmos que Cultura não se conjuga com Natureza. Seriam opostos e não síntese. Segundo esse pensamento Natureza é o que é, e Cultura seria o que dá significado ao que é. Essa ideia que afasta Cultura de Natureza fez com que nos separássemos dos demais seres. E o resultado está aí, gritando sob uma realidade que vai levar o planeta ao colapso climático, que também é civilizatório.

Pela Cultura e as Artes será possível reconectar as pessoas ao senso de realidade. Segundo os antigos filósofos da Grécia a realidade é a natureza como divindade primordial e gera um mundo em constante evolução; *Physis,* de onde origina a palavra física. Os antigos romanos designavam o mundo físico por NATURA, a realidade básica, o princípio fundamental, é a Natureza. Há diferenças entre o mundo natural e o mundo artificial. Enquanto as formas naturais são espontâneas, suaves e fluidas, as artificiais são planejadas, via de regra, rígidas e sólidas. No entanto, como já aprendemos, "tudo que é sólido desmancha no ar", e o mundo está em constante mutação.

Há profundas diferenças entre a evolução natural e o fabricado e desenvolvido pelo engenho humano. *Physis* é um jogo constante de ciclos de vida e renovação em convívio com o Cosmo, para além do arranjo de vida que conhecemos nesse planeta. *Physis* é o real. E o real é a Natureza. Natureza em constante evolução e transformação, que se move em espiral. Uma árvore, antes de sê-lo, é semente que nasceu da árvore.

Nós somos filhos da Natureza, que é mãe de tudo, de todas, de todos e todes. *Pachamama, Orixás, Madre Tierra, Nossa Senhora, Deusa, Gaia,* de seu ventre nascemos em seu ventre vivemos. Ainda há tempo para reestabelecer a conexão com nossa Mãe. Trabalhar COM a natureza, jamais CONTRA a Natureza. Produzir essa mudança é o que de mais belo e real a Cultura pode fabricar. Cultura e Natureza juntas, formando a Cultura Viva.

A semente que esse grão carrega é uma súplica para que se cultive a Cultura Viva. Reconectem Cultura e Natureza. Não se ofereçam como carne para o gigante Piaimã, o comedor de gente, também conhecido como o Regatão, aquele que tudo regateia, que compra e vende, o Venceslau Pietro Pietra, conforme apontado por Mário de Andrade em sua obra Macunaíma, e que vivo repetindo como alerta a partir de grão que peguei de Mário. Afirmar que a Cultura é Natureza implica em descortinar a realidade e se negar a ser coisa:

> *"São tão fortes as coisas*
> *mas eu não sou as coisas*
> *e me revolto."*[8]

Revoltem-se!

Sejam subversivas, ousados, tenham coragem em se religar à realidade, que é natureza e cultura. Pensem a partir de onde os pés pisam, conforme frase de Frei Betto.

Grão 5 – Deslocamento da noção de realidade

O momento histórico da pós-modernidade é caracterizado por um descolamento da noção de realidade, tudo tornou-se relativo, relativizado e negado. Com isso um Poder Absoluto se estabeleceu para "dar as cartas" em um jogo que só é real para a microminoria que está no topo do Poder. Com a espetacularização da vida, realidade aumentada, redes sociais alimentadas pelo hedonismo, individualismo e superficialidade, manipulação algorítmica, inteligência artificial e o que mais vier, o deslocamento da realidade acontece em progressão geométrica, via bits e bytes. O desafio da Cultura está em auxiliar a humanidade a se assenhorar da realidade, rompendo com a afirmação da aparência.

> "O espetáculo domina os homens vivos quando a economia já os dominou totalmente. Ele nada mais é que a economia desenvolvendo-se por si mesma. É o reflexo fiel da produção das coisas, e a objetivação infiel dos produtores."[9]

Esse assenhoramento, no entanto, acontece em momento histórico em que "...tudo o que era vivido diretamente tornou-se representação. [...] O espetáculo em geral, como inversão concreta da vida, é o movimento autônomo do não-vivo"[10]. O livro "A sociedade do espetáculo", de Guy Debord, antecipou análises que na terceira década do terceiro milênio tornam-se assustadoramente evidentes e reais. Tudo virou espetáculo. A espetacularização da vida criou uma visão de mundo que se objetivou na relação social mediada por imagens e aparências, quando a "... realidade vivida é materialmente invadida pela contemplação do espetáculo"[11]. Isso gerou uma alienação recíproca, pela afirmação da aparência, quando as pessoas nem tem noção de como estão coisificadas. É o império do nada que chega tão somente a ele mesmo, criando o "nada idiotizado". Realiza o Poder Absoluto a gerir uma sociedade aprisionada e incapaz de sair da prisão, o "nada idiotizado" produz uma sociedade inapta ao diálogo e à reflexão, que se move por impulsos e aparências.

Essa perda de sentido e unidade do mundo, em que a linguagem comum da separação prevalece, fabrica a alienação em estado concreto, real. Até que a compreensão da própria existência e do próprio desejo se dissolvem em uma acumulação que se torna imagem. É a grande fonte de reprodução do Capital sob o tecnofeudalismo do século XXI, também conhecido como o mundo das BigTechs. Ainda em Debord, em texto de 1967:

> *"As pessoas admiráveis em quem o sistema se personifica são conhecidas por aquilo que não são; tornam-se grandes homens ao descer abaixo da realidade da vida individual mínima. Todos sabem disso."*[12]

Atualíssimo. Cabe à Cultura possibilitar a fusão do conhecimento e da ação produzindo condições práticas da consciência coletiva. As pessoas só se movimentam no mundo com autonomia e liberdade quando conscientes da realidade do mundo em que vivem. O desafio da Cultura em uma perspectiva emancipadora está em fazer brotar dos sulcos da terra a Classe da Consciência.

Que classe seria essa? A Classe daqueles que se recusam a ser Coisa. Não somente uma relação entre detentores de meios de produção e força de trabalho, mas entre os que se percebem enquanto sujeitos e lutam para que assim sejam reconhecidos, e os que estão sendo tragados pelo tsunami da coisificação.

Hoje, um explorado também é proprietário de parte dos meios de produção, o trabalhador por aplicativo que é dono de seu automóvel ou motocicleta ou bicicleta, que assume os custos de manutenção de seus meios, que se submete a jornadas estafantes. Ao mesmo tempo em que se sente dono de seu tempo e seus meios é explorado pelo aplicativo de conexão, rendendo-lhe a maior parte de seu esforço. É burguês ou proletário? E o dono de uma cozinha, detentor de equipamentos e instalações, com assalariados a seu serviço? Igualmente explorado pelo capitalismo de plataforma. E assim nas relações entre os demais fazeres e saberes, incluindo os descartáveis e descartados. A classe dos excluídos, abandonados e desvalidos. Outros que ora se percebem escalando ao topo e ora rolam abaixo.

Há uma complexidade de relações que afeta a consciência para além de momentos mais estruturados na história. Vivendo em desarmonia, aturdidas, as pessoas vivem de um jeito, trabalham de outro, sentem, pensam e agem das formas mais contraditórias, incluindo na relação com a própria existência. São expropriadas do sentido do real.

Expropriadas do real são comidas no labirinto do Minotauro de forma espetacularmente banal. Mastigadas, dia a dia. A autonomização da esfera Cultural sob a sociedade do espetáculo é chave para o entendimento da lógica de acumulação tecnofeudal. Sob esse admirável mundo novo, avançado e regressivo, a atividade central da acumulação não acontece mais pela aquisição ou uso real dos produtos, mas pela sensação de prazer gerada pela imagem do produto (tangível ou intangível), que pode ser apenas e tão somente o ato de seguir um *influencer*. É sob esse contexto que a Cultura e Arte precisam se recolocar como guias para a condução à realidade.

O presente fenômeno da ascensão da extrema direita pelo planeta é resultado do deslocamento da noção de realidade. Qual é a estratégia que usam para atacar os sentidos da realidade? Guerra cultural, retórica do ódio e negacionismo. Não à toa começam atacando as artes, espetáculos de teatro, dança, exposições em museus, obras literárias, invadem escolas, ameaçam e intimidam professores, afrontam e estraçalham toda forma de autoridade e conhecimento baseado em fatos. Isso acontece primeiro pelo baralhamento narrativo.

Narrativa é a forma de contar uma história. Ela diz respeito à maneira como é apresentada uma sequência de eventos, muito mais que o evento em si, podendo expressar verdade ou não. Seja com palavras, recortes de fatos, ênfases e imagens, sempre haverá algum narrador explanando sobre determinado evento. Daí a necessidade de saber distinguir a diferença entre narrativa e verdade. Nem toda narrativa é verdadeira, pois pode incluir elementos fictícios ou distorcidos por "meias verdades". Isso leva as pessoas a descrerem da verdade e acreditarem em mentiras.

Uma Política Cultural Emancipadora tem por missão auxiliar as pessoas e grupos sociais na comparação entre as histórias narradas, cultivando observações críticas, conformidade com os fatos, amparo em fontes e referências confiáveis que ativem todas as inteligências sensoriais e reflexivas do ser humano. Harmonizando as inteligências para que atuem em conjunto, limpando camadas, comparando situações, valores, coerência entre o que se fala e o que se faz. Isso produz análise crítica e é o método para distinguir uma narrativa falsa da verdadeira.

Pela Arte se sonha acordado. Sonhar acordado é bom, mais ainda quando a vida real é examinada com atenção e os sonhos são confrontados com a fantasia, fazendo-os acontecer a partir de uma escrupulosa atitude ética. Diferente disso, o devaneio é um "sonhar acordado" que se desconecta da realidade. Aprisionando-se a mentiras o sonhador em devaneio torna-se incapaz de discernir realidade de fantasia. Nessa condição ele entra em transe até que surge um desconforto mental e emocional conhecido como dissonância cognitiva.

Dissonância cognitiva é o desalinho entre crenças e atitudes, é quando a pessoa sente de uma forma, pensa de outra e age de maneira ainda mais diferente. Assim, as pessoas podem cometer as atitudes mais absurdas e horríveis, que em outras circunstâncias jamais cometeriam. Para não entrar em dissonância cognitiva e passar a ter raiva de tudo, de todos e até de si, uma Ação Cultural transformadora possibilita que as pessoas acreditem em seus sonhos sem jamais se afastarem da ética que os guia e do mundo que os realiza. Sonhos, acredite neles. Alguém disse, e fez.

Aproveitando-se da dissonância cognitiva a retórica do ódio utiliza linguagem inflamada, desumanizante e discriminatória. Ela incita sentimentos de ódio, preconceito, hostilidade e raiva contra indivíduos ou grupos. É empregada para manipular emoções e mobilizar as pessoas em torno de agendas ideológicas, sociais, religiosas ou políticas, sempre sob uma perspectiva de poder. É um método de manipulação do poder que se manifesta de diversas formas:

- Discursos de ódio;
- Agressões em cenas do cotidiano;
- Ataques a instituições e religiões;

- Programas de rádio ou TV que disseminam mentiras, medo e violência;
- Falsificações em redes sociais, com edição de imagens e falas.

Por conta da retórica do ódio amizades se desfazem, famílias são divididas, nações entram em guerra e povos são dizimados. Ao longo da história sempre houve retórica do ódio e teorias da conspiração, a diferença nos tempos atuais é que ela se alastra em progressão geométrica, na velocidade das redes socais. Tudo que é diferente e desconhecido é transformado em ameaça. Não há mais adversários e sim inimigos a serem combatidos e eliminados. A retórica do ódio desumaniza o "Outro" acirrando a violência e as discriminações. Pode ser presenciada em ações cotidianas, como ofensas entre pessoas em lojas ou redes sociais, até ataques violentos, assassinatos, massacres e genocídio. Essa é uma expressão cultural de nosso tempo. Há que ter coragem para desarmá-la. Quem se habilita?

Em meio à violência e mentiras, a Guerra Cultural combina baralhamento narrativo, dissonância cognitiva, retórica do ódio e teorias da conspiração para criar as mais estapafúrdias teorias. Terra plana, seres reptilianos... são apenas o prólogo para o negacionismo histórico e científico. O objetivo não é o conhecimento, mas a produção de uma falsa consciência em *looping* que estatela as pessoas em um labirinto sem fim. Até que tudo passa a ser relativizado, admitido, inclusive o horror e a morte. O horror. Quando tudo passa a ser relativo, tudo é possível, abrindo caminho para os discursos e atos de ódio e extermínio, que grassam sob a tolerância com as intolerâncias. O horror. O horror! É o que advirá ao mundo, não só ao Brasil.

Quando descolada da realidade a cultura é morta, nociva, violenta. Para transformar o mundo há que saber interpretar o mundo. Para interpretar o mundo há que conhecer a realidade. Haverá tempo para barrar o pavor sem fim? Não sei. Mas tenho esperança. E mesmo quando a esperança falha, mesmo assim, não há outra alternativa, há que agir para deter o medo. É preciso agir e já. Agir com senso de urgência histórica.

A quem pegar esse grão, não vacile, não perca a capacidade de indignação, tenha coragem, criatividade e generosidade. Generosidade porque sem ela todas as demais qualidades perdem sentido. Criatividade pela capacidade de realizar uma conexão sensível com aquilo que aparentemente não conseguimos resolver, mas que vai se desvelando na medida em que nos desafiamos a enfrentar os problemas e dificuldades; criar é ser original. Coragem porque há que ter disposição para mudar as coisas; mudar o mundo não é fantasia, é necessidade, é justiça, como escreveu Cervantes. Indignação porque as coisas não podem ser aceitas como estão; ou podem? Quando generosidade, criatividade, coragem e indignação se encontram em unidade, a esperança volta. Quando a esperança volta não há Poder Absoluto que a detenha. Esse é o poder da Cultura e da Arte.

Mas como enfrentar o desfazimento do real que se propaga em progressão geométrica? Como dar conta da inteligência artificial e da manipulação algorítmica?

Grão 6 – Geometria do pensamento

As redes sociais multiplicando a propagação dos ódios e intolerâncias, a promoção do nada e do fútil. Essas forças parecem tão fortes e tão acima de nós. Se eles se movem em Progressão Geométrica caberá à fusão Natureza/Cultura auxiliar as pessoas a se moverem de outra forma. Só assim haverá uma ação cultural transformadora.

Nas civilizações antigas e nos povos tradicionais, o pensamento se move em círculos, tudo estando ligado aos ciclos da vida. Entre a Era Moderna e a Contemporânea houve uma ruptura com a circularidade do pensamento. Uma flecha rompeu o círculo e as pessoas passaram a pensar em linha reta. Daí a ideia de progresso infinito, da marcha inexorável da história, do descolamento da técnica em relação à natureza, que passou a ser domada (ao menos tenta-se domá-la). Essa ideia fracassou ante a realidade dos colapsos climático e civilizatório que hoje saltam aos olhos e destroem os sentidos.

Entre o final do século XX e início do XXI a forma de pensar e agir, tem sido outra, reticente, pontilhada, entrecortada. Essa forma fragmenta o pensamento e o senso de realidade. Fragmentos de pensamento, fragmentos de ser, fragmentos de vida social. Fragmentos que são rearranjados ao bel prazer do poder absoluto, que tudo quer controlar e conduzir. Fragmentações a gerarem discórdias, cizânia, cancelamentos e incompreensões que nos atordoam. De repente não conseguimos mais sair do *looping* e nos descolamos do real. O grande desafio da política cultural está aí. Como sair do *looping* e encontrar a realidade?

Na Era do Fragmentalismo observar os fatos já não basta, pois para cada fato há muitos ângulos de visão, há o que não se escuta, o que não se vê, o que não se sente. Retornar ao círculo poderia ser um caminho, mas isso nos manteria em uma repetição contínua, arraigados a preconceitos e práticas que também não deveriam ser preservadas.

Como encontrar o real então?

Physis, a natureza. Ela está aí com todas as deformações, desastres e cicatrizes que produzimos sobre ela. É real, vivemos nela, somos parte dela. Como parte, não a compreendemos plenamente, não a enxergamos de forma translúcida, não escutamos seus sons e silêncios. Ao não sentir a Natureza, ao não compreender, queremos domá-la. Essa já se revelou uma má ideia, causa de tantos danos pois é impossível domar aquela que nos gerou. Como então encontrar o real?

Pela Cultura poderemos retomar essa conexão refazendo o caminho sem que isso signifique voltar ao que antes era feito.

Cultura é invenção e tradição ao mesmo tempo, quando essa linha é cortada nos perdemos no tempo. Retroceder ao círculo poderia promover esse acoplamento, mas também nos jogaria na repetição. Regressar à reta nos manteria na desconexão que nos leva ao deslocamento. Por outro lado, seguir no mundo das reticências entrecortadas só fará agravar a fragmentação que aprofunda o baralhamento narrativo onde grassa o negacionismo e a pós-verdade.

Essas formas geométricas de pensar, criar e destruir, se revelaram e se revelam incapazes de dar conta dos problemas do mundo. Ainda mais sob o fragmentalismo contemporâneo. Todas insuficientes. O tempo esgotou. Por haver um fio de esperança, a sentença a manter a chama acesa poderia ser trocada para "está se esgotando". Quem sabe. Mas esse esgotamento é rápido por demais, incontrolável e incontornável até. Se ainda resta esperança. Não há outra alternativa. É tempo de urgência histórica.

Se o círculo, a reta e as reticências entrecortadas se revelam insuficientes, experimentemos as formas espiraladas. Tentemos.

Cultura e Arte, quando transformadoras, se movem em espiral. Não é em círculo, pois isso as condenaria a uma repetição infinita; nem em linha reta, por conseguinte se afastariam da raiz, da gente que produz a seiva para que Arte e Cultura sejam colocadas em movimento; muito menos em fragmentação desconexa, pois desse jeito não haveria liga, linha, cimento, com tudo se tornando efêmero, se desfazendo com o sopro da "treta" seguinte. Há essas dimensões todas nas Artes e na Cultura, mas elas não transformam a sociedade, permanecem ou desaparecem em insignificância, não mudam o mundo, nem o interpretam coerentemente.

Sob o mundo da fragmentação desconexa estaremos (estamos) fenecendo em uma cultura de morte lenta. Habitando o labirinto de quem não sabe de onde veio nem para onde vai apenas encontramos portas falsas entre os urros do Minotauro; que nos metem medo e nem sabemos de onde vêm. Pelo movimento da reta que vara o ar como uma flecha, e do círculo que se repete, há tentativas de interpretação coerente do mundo, mas que também revelaram seus fracassos e insuficiências. São roupas que não nos cabem mais.

Enquanto as sociedades se mantem atordoadas (entretidas) na fragmentação infinita, as forças do sistema dominante se movem em progressão geométrica. O poder absoluto está tomando conta de tudo. Cabe a uma Política Cultural Transformadora auxiliar as pessoas a se moverem em espiral, desviando-se do controle desse Poder.

Antes de aprofundar sobre o movimento em espiral, apresento *Grãos* com exemplos de como fazer. Depois voltarei à espiral. Prefiro ir e voltar para depois saltar. E assim ir espalhando grãos.

Grão 7 – Exemplos são grãos

"Pensar certo é fazer certo", escreve Paulo Freire na *Pedagogia da Autonomia*. Palavras tem que ser correspondidas pelo exemplo, pela consequência prática, do contrário são vazias, incoerentes, estéreis; não fazem a vida brotar. Nesse Grão apresento políticas públicas e ações comunitárias do qual participei, um tanto idealizando e executando, outro tanto observando.

Clubes de Filosofia, de Leitores, de Ciências, Cineclubes, Feiras de Arte nas periferias, Saraus de Poesia, Clube dos Amigos do Céu – astronomia popular –, Clubes de Matemática, Clubes de História, Museologia comunitária, Ecomuseus... Isso é política cultural. Para ser massiva deve ser desencadeada a partir de governos, também pelas comunidades e ativistas, chegando a todos os lugares e a toda gente, até penetrar pelos poros.

Tenho um amigo, servidor público na função de astrônomo em Campinas, Júlio Lobo[13], ele criou o Clube dos Amigos do Céu, por iniciativa própria, vai chamando astrônomos amigos, amadores que tem telescópios e instrumentos de observação, curiosos. Assim vão marcando encontros em bairros e municípios do interior de São Paulo e sul de Minas, se reúnem para observar os astros; na soma já reuniram 30 mil pessoas, a meta é chegar a 100 mil observadores do céu.

Observando o infinito do universo nós nos percebemos poeira do Cosmo que somos. Algo muito possível de realizar por aí, com governo, sem governo, apesar do governo. Mas se for como política pública, assegurando uma bolsa para animadores, adquirindo alguns telescópios, o alcance será muito maior e poderá alcançar pequenos, médios e grandes municípios, zonas rurais e urbanas, periféricas ou centrais, com muito mais rapidez e frequência.

Difusão científica é política cultural. Quando eu estive como secretário de cultura em Campinas, há mais de trinta anos, havia uma divisão só para a difusão científica, trabalho iniciado antes de mim, por outros secretários, destaco. Em 1991 lancei uma categoria em edital de fomento só para difusão científica. Não sei se em outros municípios há essa compreensão de que ciência é cultura, ou em governos estaduais e mesmo na União. Deveria haver. Teria poupado muitas vidas na pandemia de Covid-19, quando os maiores inimigos no combate ao vírus foram a estupidez e as ignorâncias. Clubes de Ciência, história e geografia podem ser importantes meios para combater os negacionismos e a terra plana. Que venham em profusão.

Já imaginaram Clubes de Filosofia espalhados pelo país, seja em grupos de três ou trezentos? Gente caminhando pelas cidades, refletindo os problemas do mundo e os métodos para interpretá-los. Por que não?

Não é difícil de realizar. Há muita gente boa disposta a ensinar e a aprender na relação caminhante. Peripatéticos do século XXI. O custo? Uma bolsa para o animador, um incentivo, apoio em textos e vídeos. Um Clube de Filosofia por município, ou muitos espalhados pelos bairros, ruas, favelas, em encontros periódicos, pessoais, encontros temáticos e com método filosófico de estudo. O custo unitário é tão pequeno que é difícil compreender a razão de não acontecer. Ou se compreende e por isso não acontece?

Comecei a trabalhar na Secretaria de Cultura da cidade de Campinas aos 16 anos, como operário gráfico, depois, quando ingressei na Unicamp, pedi para mudar de função, passando a organizar Feiras de Arte e Cineclubes em favelas e bairros periféricos da cidade. Foi meu trabalho por dois anos como servidor público municipal, era final da Ditadura, no início da década de 1980. Aprendi tanto, conheci tanta gente, tantas histórias. A partir do cineclube na Favela dos Eucaliptos fizemos a urbanização do lugar, e 420 famílias construíram suas casas de alvenaria em mutirão. Antes foi necessário derrubar cada eucalipto, vender a madeira e usar os recursos na construção, fazer tijolos, assentá-los, telhar. Decidimos fazê-lo porque certa feita, sob uma tempestade, uma árvore de eucalipto caiu sobre os barracos, matando parte de uma família. Um ano e meio de trabalho e organização comunitária. E a cada domingo uma sessão de cinema no salão comunitário, utilizando o projetor 16 mm que eu consegui emprestado do Centro Acadêmico dos Estudantes de Engenharia. Quantos jovens estudantes não gostariam de um trabalho como esse?

Hoje os projetores são muito mais leves, quase cabendo no bolso, o que eu levava pesava muito, afora as latas com os rolos de película, e os transportava em ônibus de linha. Essa experiência me marcou, me moldou para a vida. Queria tanto que tantos jovens, que meus netos, tivessem a oportunidade de passar por uma experiência assim. O que impede que aconteça em um município, ou em escala nacional? Quase nada em termos de custo. Mas o benefício é imenso. Eu garanto. Mais adiante demonstrarei como é possível, para milhares, milhões de jovens.

Uma política cultural transformadora precisa enfrentar os negacionismos, as retóricas do ódio, as ignorâncias e imbecilidades que grassam nos tempos atuais. Mas isso não se faz com discurso e intenções vazias, é necessário prática, persistência. Muito já há. Ocorre que o que há não se visibiliza, sequer há atenção em observar, sobretudo da parte de quem está em espaços de decisão. Uma pena. Enquanto você está lendo esse texto. Em muitas bibliotecas, nesse momento, podem estar se reunindo grupos de leitoras e leitores, debatendo um livro. Isso é um clube de leitura. Recordo de um Pontão de Cultura no interior de Alagoas cuja ação era organizar a ida de jovens em bicicletas, e lombo de burro, com um embornal de livros. Percorriam sítios e fazendas. A função deles: contar histórias, ler e distribuir livros. Noutro, entre os Igarapés na Foz do Amazonas no estado do Amapá, a Barca das Letras.

Podem ser ações financiadas pelos municípios, governos estaduais, pela União, por iniciativa comunitária, por uma pessoa só, não importa. É preciso que aconteçam com regularidade e permanência. Que sejam reconhecidas enquanto políticas públicas tão grandiosas quanto o financiamento de uma grande orquestra ou exposição, ou festa da cidade com cachês às alturas. Certamente não levam tanta gente ao mesmo tempo no mesmo lugar, mas mudam consciências, semeiam futuro.

Quem se habilita?

Escolhi esses exemplos porque inusuais em política cultural, todos ao alcance de cada comunidade. Sempre haverá alguém disposto a participar, basta saber procurar. Pode ser outra temática, outra forma. O importante é que sejam continuados, que aconteçam por anos a fio, sem interrupção, como valor social e cultural relevante. Pela persistência vão se tornando massivos. Não se iludam, não há como enfrentar a Era da Idiotização se não for com muita persistência, muita profundidade, em processos de educação permanente. Não só a partir da escola (Instituições em que também deve acontecer, deixo claro), como também pela Cultura, porque espraiada por todas pessoas e comunidades, mais livre e aberta.

Política cultural que não chega nas pessoas comuns não serve. Não é pública nem comum, é elitista e segregadora. Há que chegar, um a um, de forma simples, direta, sem transigir na reflexividade e profundidade, descortinando a complexidade com simplicidade. Exemplos são grãos que voam. E voam. E voam.

Grão 8 – Mais um Grão de exemplo: Recreio nas Férias

Recreio nas Férias. Sempre que penso nesse projeto abro um sorriso. A primeira vez que o implantei foi em 1990, um mês após haver assumido o cargo de secretário de cultura em Campinas. O Recreio foi uma proposta de um grande educador brasileiro, Antônio Carlos Gomes da Costa, já falecido, à época trabalhando no UNICEF. A ideia era basicamente simples: oferecer acolhida às crianças nas escolas no período das férias, com recreação e alimentação. O governo federal acolheu a proposta e municípios foram escolhidos como piloto, entre os quais, Campinas. Havia um valor transferido pela União[14] e a meta já estabelecida, em nosso caso com atendimento de 30 mil crianças e adolescentes. Coube a mim coordenar o projeto.

Subvertemos o Recreio por completo. Saímos das escolas, fomos para espaços comunitários e ruas, praças públicas, terrenos baldios, garagens e até presídio, e claro, espaços culturais e esportivos. Centenas de pessoas foram capacitadas como monitores. Recordo do teatro do Centro de Convivência Cultural lotado de artistas e ativistas, pessoas das comunidades, todos contratados para trabalharem nas periferias da cidade. Definimos que a alimentação seria produzida na casa de mães na periferia, no que também virou fonte de renda, além da variação de cardápio e comida mais natural (a despeito de à época não haver tanta preocupação com isso, havendo mais preferência por industrializados). As bananas quando estavam para amadurecer viravam bolos e o que mais as mães conhecessem como receita, os sucos eram naturais (apesar de os de achocolatados em caixinha também serem entregues e muito requisitados pelas crianças).

Com leveza, inventamos. Em cada lugar de um jeito. Resolvemos incorporar[15] o presídio Ataliba Nogueira, mesmo localizado em município vizinho (Hortolândia), para atender às crianças em dia de visitas aos pais, e contratamos os presidiários como monitores. Foram domingos de festa. Ao final o diretor do presídio agradeceu por não ter havido um único incidente durante as semanas do projeto. E o Recreio nas Férias se repetiu a cada semestre no presídio até o final do nosso governo.

Em outro bairro uma artista plástica, Stela[16], queria transformar um terreno baldio em Praça Pública. Foi o que fizeram. Em outro bairro, outra ideia.

Férias remete a passeio, ainda mais para crianças das periferias, que raramente saem do bairro. Contratamos viagens de "Maria Fumaça", ida a cinemas, espetáculos de teatro, noites em museu (as crianças dormiam nos museus), piscinas públicas a praças esportivas, passeios em parques. Ao final, com o mesmo recurso, atendemos 90 mil crianças e adolescentes, 10% da população total do município. Foi tão inusitado e com tamanha dimensão que o UNICEF veio nos visitar para conferir.

Nas Férias seguintes seguimos com novas edições, sempre incorporando ideias novas da gente que vinha com novas propostas, confiantes, pois sabendo que seriam acolhidas. Com a mudança do governo municipal, em 1993, o Recreio acabou. Sempre me pergunto o que teria sido da cidade se a cada férias houvesse uma nova edição, com novas ideias e acolhimentos. Em trinta anos teríamos mudado a mentalidade de gerações.

Em 2001 tive a oportunidade de reapresentar o projeto, desta vez como diretor de promoções esportivas, lazer e recreação na cidade de São Paulo. Foi bonito fazer acontecer. Os recursos eram da secretaria da educação e os Polos de Férias aconteceriam nas escolas municipais, havendo o acolhimento de passeios nos centros esportivos municipais, unidades do SESC[17], teatros e cinemas. 200 mil crianças por edição. Essa experiência está relatada em livro que organizei a partir de seminário de avaliação que realizamos em conjunto com o SESC "Recreio nas Férias – Lazer e educação em tempo de férias".

De todas as atividades realizadas no período, uma me marcou profundamente. Eu estava no Parque Ibirapuera acompanhando mais de um milhar de crianças da zona leste. Me aproximei e perguntei a um menino, de Ermelino Matarazzo, sobre o que mais o impressionava naquele parque imenso, cheio de verde, museus e área livre. O menino respondeu:

"– *Aqui o ar é diferente!*"

A resposta foi desconcertante, chegou em mim como um choque. Eu tenho asma e sempre relutei em morar em São Paulo por conta da poluição, o que afetava a respiração onde quer que eu fosse. Havia chegado à cidade há poucos meses, junto com a família, e São Paulo me parecia poluída por igual. Mas não. Em um mundo desigual até o ar é desigualmente distribuído. Nos extremos da cidade, ao lado de vias marginais, quando tudo é tomado por cimento ou barracos, onde não há arvores nem espaço de respiro, quando passam mais caminhões soltando mais monóxido de carbono e fumaça, até o ar é diferente.

Aprendizados sutis só percebíveis quando a política pública rompe barreiras invisíveis e faz cultura com a beleza das coisas simples.

O Recreio nas Férias é um bom exemplo de como uma Política Pública pode e deve dar resposta a um conjunto de questões.

A propósito, boa política pública é aquela que consegue resolver vários problemas a partir de um único ponto, com profundidade, complexidade na análise e simplicidade na aplicação. Com o Recreio aprendi a exercitar a política pública que resultou nos Pontos de Cultura. Um programa inicialmente previsto para atender à demanda por alimentação para crianças e jovens do ensino fundamental, com o acolhimento dessas no período de férias escolares, enquanto pais estivessem trabalhado. Dessa ação oferecemos beleza e maravilhamento a quem tinha poucas oportunidades de sair do seu cotidiano, geramos trabalho e renda para trabalhadores da cultura, esportes e lazer, proporcionando apropriação pública das cidades pelo rompimento de barreiras invisíveis. Um programa intergeracional, antirracista, humanista e singelo. Toda criança tem direito a férias agradáveis. Pelo Recreio nas Férias é possível demonstrar que consciências também se formam pela delicadeza, pelo sutil e bonito.

Quem pegar esse grão, semeie Recreio nas Férias em todas as férias. Na sua comunidade, cidade, estado e país. Já imaginaram viagens intercidades? Em escala reduzida há, crianças do interior no litoral, as da capital no interior, visitas a museus e teatros, parques aquáticos. Imaginem essa ação universalizada, para todas as crianças e jovens, não com poucos, mas com centenas de milhares, milhões, a cada período. É possível. Os encontros, os afetos, os aprendizados, as mudanças de comportamento que tudo isso pode gerar no longo prazo, agindo sobre a consciência de toda a sociedade.

Grão 9 – Mais Grãos: Lazer e Jogo

Quando eu estive como diretor de lazer em São Paulo pude implantar a ação "Nossa Rua", como parte do programa Viva São Paulo[18]. Havia o programa das Ruas de Lazer, iniciadas na década de 1970, mas estava praticamente abandonado, cabendo à prefeitura apenas a autorização formal para o uso pelos moradores, fechando-as ao tráfego nas manhãs de domingo. Em 2001 eram aproximadamente 400 ruas de lazer na cidade de São Paulo, e a prefeitura não fornecia nem cavalete para o bloqueio das ruas, era apenas uma portaria autorizativa publicada no Diário Oficial. Com o Viva São Paulo criamos a ação "Nossa Rua". Com isso foi possível entregar um kit com jogos de tabuleiro, rede de vôlei, tabela de basquete, bolas, xadrez gigante... para cada rua. A comunidade da rua escolhia dois representantes e esses zelavam pelo equipamento comum. Como parte dessa ação foi possível abrir o "Domingo no Minhocão"[19] como uma grande rua de lazer e o "Domingo na Paulista", avenida que se tornou a mais emblemática rua de lazer de São Paulo, no que foi descontinuado tão logo encerrado o mandato da prefeita Marta Suplicy, retomado no mandato do prefeito Haddad e funcionando bem até os dias atuais. Como ação integradora, uma revista em quadrinhos era distribuída para o conjunto das ruas de lazer, criando um vínculo de unidade com a rede "Nossa Rua", com personagens e diversas temáticas e sugestões.

Retomo essa história porque é um exemplo de política cultural de baixíssimo custo (à época gastávamos não mais que R$ 800,00 por kit) que chega nas pessoas via gestão compartilhada entre Estado e comunidade. Eram os vizinhos que se responsabilizam pelos equipamentos de lazer e cultura como ação coletiva, guardavam as bolas, a cada domingo colocavam as redes, o cavalete interrompendo o tráfego. Zelo por equipamentos comuns, regras de convivência, programação de festas ao longo do ano. Cultivamos cultura de vizinhança. Pelas tarefas apropriadas e assumidas pela comunidade vai sendo fortalecido o senso de comunidade e partilha. Não é discurso ou ideologia, é prática cotidiana e que deve ser zelada para que não seja descontinuada.

Pela América do Sul é possível encontrar belos exemplos dessa cultura que se configura na convivência pelas ruas. A cidade de

Bogotá, desde o início do século XXI, há um programa chamado "Ciclo-rede", são 300 quilômetros de avenidas e ruas abertas ao lazer, todos os domingos interligando parques da cidade, fechadas ao tráfego de automóveis. 300 quilômetros. Pessoas de patins, bicicleta, caminhando, arte de rua, convivência, artesanato, comida...

Na cidade de Quito, todo o centro histórico (um belo centro histórico) é aberto às pessoas e fechado aos automóveis, igualmente aos domingos. Ateliês de arte, livreiros, restaurantes, espaços culturais, concertos ao ar livre, atividade nas praças...

Em Medellín, além da ação de lazer e recreação nas ruas, os "Corredores Verdes", desde 2016 a municipalidade vem transformando ruas inteiras em Parques Lineares arborizados e cheios de floreiras, interligando parques públicos, com ciclovias, passeio para pedestres, bancos para parada, fontes e olhos d'água. Sem carros, todos os dias. Sob a sombra das árvores e o frescor das plantas conseguiram a temperatura em 5 graus centígrados alterando o microclima.

Imaginem a cidade de São Paulo, dou o exemplo de São Paulo, mas poderia ser em qualquer cidade. Um Corredor Verde interligando o Parque Ibirapuera ao Parque Trianon na avenida Paulista, acrescentando que aos domingos a avenida seguiria como imensa rua de lazer, os museus e centros culturais, a apresentação das bandas pelas ruas e a vibrante cultura urbana. Do Trianon outro corredor verde, talvez sinuoso entre ruas até chegar ao Parque Augusta, na entrada do Centro da Cidade, que poderia igualmente estar aberto ao caminhar e ao lazer aos domingos, sem automóveis. Ou na periferia, um Parque linear entre o Tiquatira e o Parque do Carmo, na zona Leste, e destes até o Parque Linear da Consciência Negra, na Cidade Tiradentes. Onde não há a interligar, há que ter Parques. E Corredores Verdes dando sombra aos ciclistas e pedestres, em todo lugar; daí às Cidades-Floresta como se inicia na China. Não basta ciclofaixas, há que possibilitar o percurso sob a sombra, em lugares agradáveis e floridos, com segurança, beleza e conforto térmico. Brasil, terra das florestas, há que reflorestar as cidades. Isso é cultura.

Combinando exemplos como os acima, Recreio nas Férias, programa de ida a teatros e museus com distribuição de ingressos para Pontos de Cultura[20], ateliês de artistas de portas abertas, qualquer recanto que abra ao convívio humano mais humano. Ações que, com o tempo viram um moto contínuo produzindo configurações de longo prazo a mudarem o comportamento social. Com isso a política cultural ganha permanência, escala, amplitude, para além do público usual.

Política pública sem escala, isso eu aprendi ao longo de 40 anos de trabalho no serviço público, é vitrine, não tem efeito, só serve para alimentar egos de governantes, ou prestações de contas burocráticas sobre o que se fez (ou sobre o que não se fez). Há que fazer. Muito. Para já. Em ampla escala e baixo custo unitário, integrando artes, cultura, lazer, comportamento.

Na mesma lógica dos kits para ruas de lazer eu inventei um tabuleiro de xadrez em papelão, isso há mais de 20 anos. Em um lado da cartela o tabuleiro, permitindo jogo de Dama e Xadrez, no verso as regras, junto entregávamos uma cartela adesivada com os ícones de cada peça. Retirando os adesivos esses eram colados sobre tampinhas de garrafas PET. Imprimimos 100 mil tabuleiros e os distribuímos pelas periferias de São Paulo. Para o lançamento eu consegui trazer o grande enxadrista russo, Karpov, que estava em viagem pelo Brasil; segundo depoimento dele foi o mais barato tabuleiro de xadrez que ele havia conhecido. O lançamento foi em um CEU (Centro Educacional Unificado) na periferia da cidade de São Paulo, quando houve uma partida simultânea entre dezenas de alunos dos CEUs e o grande enxadrista. Goethe escreveu que o "xadrez é a ginástica da inteligência". Nos países do leste europeu sob período socialista, xadrez nas escolas foi obrigatório. Com a prática em escala eles demonstraram o impacto positivo no ensino de matemática, que resultava um desempenho 15% e 25% superior em relação às crianças que não jogavam xadrez.

Já imaginaram todas as crianças brasileiras com um tabuleiro de xadrez em casa? Com a tampinha se dá conta da necessidade tátil, hoje bastante perdida por conta dos jogos virtuais. Acesso amplo, espalhado, milhões. Muitos talvez não se interessem, mas muitos outros se interessarão, podendo começar a jogar de forma livre, lúdica. Do mesmo modo, o tabuleiro também pode ser utilizado como jogo de Dama. E outros jogos de tabuleiro, bastando mudar o design. Jogos africanos, orientais, o "Jogo da Onça" dos povos indígenas... O que se invente sobre o tabuleiro. Isso é política cultural promovendo acesso amplo, universal, que chega nas mãos das pessoas e a baixo custo unitário.

Em tempo de jogos eletrônicos quem vai se interessar? Alguém vai. Em algum lugar. É o que importa. Sementes existem para serem espalhadas, nem todas brotam. Há que ter muitos passarinhos a espalhar sementes, muitas cotias, macacos... Quando brotam dão alimento, fazem fotossíntese e viram árvore, capturam carbono e distribuem oxigênio, vida. De quebra o xadrez e damas em tampinhas ainda possibilita o recolhimento de muitas garrafas PET, que podem ir para a reciclagem e, pela quantidade de tampinhas necessárias, até reverter em recurso para a Escola ou comunidade onde aconteceu a coleta. O mais importante não é o jogo específico sobre o tabuleiro, que pode ganhar outro design e formas de compor as peças. Uma política atual poderia acrescentar um laboratório de jogos, fazendo integração entre eletrônicos e táteis. Atenham-se ao conceito, à ideia de que é preciso chegar a todo mundo, tempestivamente em todos os cantos, estimulando interações pessoa a pessoa. Há coisa mais bonita a ser criada pela Cultura que as interações pessoa a pessoa?

Espalhar, espalhar até brotar.

Grão 10 – Espiral

Espirais são circularidades que se movimentam para além da repetição interminável no círculo. Um movimento que produz um "vai e volta" e a cada novo giro acrescenta um pequeno movimento para além do círculo, que seja em fração de milímetro. Ao contrário de uma linha reta, os movimentos espiralados revisitam e reinterpretam conceitos, dialogando com as múltiplas linguagens e formas de pensar e de ser.

Em espiral desencadeia-se um processo de aprofundamento e ampliação do entendimento rumo à Cultura do Encontro, revendo e refinando questões e ideias com a incorporação de novos conhecimentos e perspectivas. É uma trajetória que se repete, mas a cada nova volta retorna em um nível mais elevado, que transcende a repetição.

A riqueza do pensamento e do "ser" humano contém uma complexidade que só pode ser compreendida de forma dinâmica, não apenas por meio de avanços lineares, mas também por retornos críticos e reflexivos em constante evolução. A cada rotação em espiral um universo se revela formando uma geometria poética em constante fluir.

O tempo se enlaça criando espirais dançantes como em um bailado cósmico em eterno girar, quando formas e conteúdos se entrelaçam. Nessa pulsação que o espaço abraça as linhas retas se curvam, como no Cosmo. Constelações de signos, danças vibrantes e sons que se expandem em ondas concêntricas. Até que advém o silêncio. E a música em movimento. Numa explosão de sons e cores em fúria o mundo vai sendo tecido. E vai e volta. E dá o salto. Entrelaçando sentidos dissolve o concreto e cria poesia em movimento. E vai e volta.

Observem as formas da natureza, são infinitas geometrias, orgânicas, criativas, inéditas. Mas também há padrões que se repetem. O "vai e volta" as diferencia e é fruto de movimentos espiralados que reproduzem os círculos com pequenas variações. A cada nova órbita surge uma nova forma que guarda similitudes e incorpora diferenças. Novos volumes e dimensões vão sendo estabelecidos pela relação e simetria com aquelas formas e sentidos que os antecederam. Nesse "vai e volta" o círculo se rompe.

A magia está no fato de que no salto há uma criação que, para ganhar impulso, precisa voltar. Criações artísticas densas fazem esse movimento. Na agricultura também é assim. Na agrofloresta mais ainda. Cavoucar a terra, se alimentar na raiz, sair dela, subir pelo caule, se ramificar em galhos, folhas, flores e frutos. A criação passa pelo mesmo fluxo e pulsação de uma árvore. Criem e inventem como árvores!

E voltem.

E novo salto.

E nova volta para pegar impulso e saltar de novo.

Cultura é biologia e matemática. Há uma sequência que descreve esse movimento:

"0+1=1; 1+1=2; 2+1=3; 3+2=5; 5+3=8; 8+5=13; 13+8=21;..."

A sequência das formas da natureza, também conhecida como sequência de Fibonacci[21]. Já imaginaram uma política cultural que se movimentasse nesse ritmo?

Há. Eu apliquei essa lógica e sequência para formular a teoria e ações do programa Cultura Viva. Enquanto Cultura Viva é biologia, Ponto de Cultura é matemática. É a essência do método filosófico da Cultura Viva. Sobre isso já escrevi outros textos e falei noutros lugares, prefiro não desviar atenção. Atenhamo-nos ao conceito e às formas da natureza aplicados em política cultural, às muitas políticas e ações, sobretudo àquelas não regidas pelo Mundo dos Sistemas, como Estado, Mercado e demais instituições disciplinadoras.

Cultura e Arte cavoucam o solo da criação para brotarem como semente. Vão à raiz para florir. Dão florada para alimentar a raiz e fazer brotar novas sementes, que brotarão iguais e diferentes. Vincular Cultura à Natureza e seus movimentos é a mais necessária medida para reconectar os humanos à realidade. Pratiquem esse movimento em seus municípios e Pontos de Cultura, nas instituições culturais em que estiverem, nas criações artísticas. Saiam, mas voltem. Sejam tradição, invenção e ruptura ao mesmo tempo.

E a cada nova volta não se esqueçam de incorporar o numeral resultante da soma anterior. Só assim será possível base firme para impulsionar o salto, seja em política pública, seja em criação artística e disputa cultural por corações e mentes.

Continuando na sequência:

> *"...21+13=34; 34+21=55; 55+34=89; 89+55=144; 144+89=233; 233+144=377; 377+233=610; ..."*

Nos tempos atuais, saber (voltar a) se mover conforme os movimentos da natureza é o principal desafio para uma Política Cultural Emancipadora. Quando for possível harmonizar Cultura e Arte para que se movam em espiral o mundo será capaz de produzir a Inteligência Vital. Não de acordo com as repetições pasteurizadoras do Mercado, ou às verdades cerradas e doutrinárias dos fundamentalismos, as falsas consciências e as vulgaridades de quem se oferece como comida ao gigante comedor de gente. Pode ser em um vilarejo, ou município, ou região, ou país, ou continente. Pode ser em um ateliê, em uma criação solitária ou comunitária, em um festival cheio de gente e criadores, ou com artista solo. Pode ser em qualquer lugar e a qualquer hora, com qualquer um.

Pela Inteligência Vital será possível conectar a humanidade ao real. Conectando a humanidade ao real vamos conseguir equilibrar a relação humano/inteligência artificial. A inteligência artificial é uma criação humana que vem aí com força total. (Rima ruim, mas realidade real). Antes que a criatura se descole do criador, há inteligência, força e coragem para enfrentar o gigante que roubou a Muiraquitã[22]?

Grão 11 – Inteligência Vital x Inteligência Artificial

A batalha do século. A inteligência humana inventando outra forma de inteligência que poderá submetê-la a novas formas de dominação voltando-se contra ela. Inteligência artificial (IA) é ferramenta, produto e vetor que irá produzir alterações no padrão da inteligência humana que a inventou. Criatura criada recriando o criador. Essa é a encruzilhada do século XXI. Será uma ferramenta para beneficiar a humanidade e o planeta, auxiliando na resolução de problemas complexos, ou será uma nova forma de aprisionamento e exclusão? Conseguir compreendê-la e identificar caminhos definirá o padrão de humanidade que teremos e seremos.

Encruzilhada que surge em meio a outras duas: climática e civilizatória. Se "nós somos o que fazemos de nós", que humanidade queremos ser nos próximos séculos?

Compreender a dimensão da inteligência artificial é questão de Cultura, muito mais que de tecnologia. Pensadores e gestores de Cultura, ativistas e artistas, incluam esse tema em suas propostas de política cultural. Não há tempo a perder! Cultivemos a inteligência vital como contraponto, ou ponto de equilíbrio, na relação com a inteligência artificial. Inteligência artificial é mera ferramenta de busca e agregação de tudo que foi produzido em termos de conhecimento humano. No fundo, uma hiper plataforma de plágio. Mas que vai ganhando ritmo (vida?) próprio. O grande problema está no DNA original. Faremos com que ela ganhe ritmo pelo egoísmo ou pela generosidade?

Do outro lado há a Inteligência Vital. Ela refere-se à habilidade de perceber, compreender, aprender, tomar decisões e agir de maneira autônoma. É a inteligência da pulsação da vida, que leva em consideração não apenas os aspectos técnicos, mas também os valores, a moralidade e as implicações éticas das ações. Possuir uma consciência de si, do ambiente e dos outros agentes ao nosso redor implica em considerar não apenas a eficiência e a eficácia das ações, mas também os impactos éticos e o bem-estar geral. Mais que em qualquer outro momento da história, estamos em uma encruzilhada.

A Inteligência Vital condensa três formas de inteligência cultivadas pela humanidade:

- Sensorial;
- Ancestral;
- Intelectual.

É a inteligência da vida. Sem ela a vida humana, ao menos tal qual conhecemos, não se manterá. Poderá surgir uma nova espécie, não mais o *homo sapiens-sapiens*; nem *faber*, nem *ludens*, alguma outra coisa, transumana, dirigida e direcionada pelo produto que a criou e que agora vai criar. Um *homo-res* (homem/coisa), ainda mais coisificado que nos tempos atuais. Provavelmente distinguido de uma microminoria a controlar a IA, que se afastará da imensa maioria da humanidade, relegada ao abandono. De certa forma isso já está acontecendo com os megamultibilionários e suas viagens espaciais e sistemas de controle social via algoritmos e IA.

O que legaremos para nossos netos? Um planeta quente, todo dilapidado, com multidões abandonadas. Cultivemos a Inteligência Vital enquanto há tempo.

Características da Inteligência Vital:

a. *Inteligência Sensorial* é aquela que advém da percepção, de como a observação do mundo é captada pelo corpo (individual e coletivo). As imagens e a capacidade do olhar, os sons e os ruídos e a capacidade de escuta, os odores e aromas e a capacidade de farejar, os sentidos gustativos, o amargo, o doce, o salgado, o suave e o podre, o tato, o áspero, o liso. Há outros sentidos, não plenamente compreendidos e catalogados, também utilizados, como a intuição e as inteligências da animalidade. Pelo sensorial tocamos as emoções. É o campo da arte, do pensar com o coração, ou com o fígado;
b. Pela *Inteligência Ancestral* nos conectamos aos conhecimentos, sabedorias e espiritualidades transmitidos ao longo das gerações por meio das tradições, rituais, práticas antigas e costumes. Revaloramos um conjunto de conhecimentos, princípios e preceitos que são preservados e transmitidos pelas comunidades que se mantém conectadas à sua herança cultural. A Inteligência Ancestral reconhece a importância dos antepassados e sua influência contínua nas vidas das pessoas, ela está enraizada nas crenças espirituais, nos rituais sagrados e nas práticas culturais que honram e estabelecem uma conexão intergeracional, de tempos imemoriais aos vindouros;
c. *Inteligência Intelectual* e sua produção se refere ao conjunto de criações, contribuições e expressões originais de sociedades e indivíduos no campo do conhecimento, cultura, arte ou ciência. É resultado do trabalho criativo de centenas de gerações e abrange ampla gama de formas de expressão, a oralidade, a escrita, investigações e indagações filosóficas, método de pesquisa, artes, invenções, descobertas científicas, entre outros. É uma mescla entre conhecimento coletivo e autoria individual ou grupal,

que se entrelaçam. É sensorial e reflexiva, podendo incorporar a inteligência ancestral, ou não. Mas advirto, não é neutra e objetiva, sendo permeada por interesses, valores e ideologia.

Amalgamando essas três inteligências, a humanidade irá formar a Inteligência Vital. A inteligência que sente, pensa e age pelas linguagens do coração, da cabeça e das mãos em harmonia. Seres sentipensantes, não mais racionais dissociando cabeça do corpo, mas se compreendendo como um corpo só, com tudo interligado. Todavia, ainda não ativamos a Inteligência Vital. Nos tempos atuais, mais que em outros, sentimos de uma forma, pensamos de outra e agimos de outra, mais diferente que da forma que pensamos ou sentimos.

São diversas condicionantes a quebrar a harmonia entre sentir/pensar/agir. Arte e Cultura, se prenhes de sentido e não capturadas pelo Mercado, Estado e demais Instituições do sistema dominante, podem promover essa harmonização, como a afinação de uma orquestra antes do início do concerto.

Por outro lado, a inteligência artificial refere-se à capacidade de sistemas computacionais realizarem tarefas que normalmente exigem inteligência humana. Isso inclui aprendizado, raciocínio, resolução de problemas, compreensão de linguagem natural e percepção visual. A IA pode ser classificada em duas categorias principais:

- IA fraca (ou estreita), que se concentra em tarefas específicas;
- IA forte (ou geral), que visa replicar a inteligência humana em sua totalidade.

É um artefato humano irrefreável, como tantas outras invenções que definiram novos padrões de humanidade: a roda, a escrita, o ferro, a pólvora, a máquina à vapor, a mecânica, a fissão nuclear.

Os benefícios e riscos da IA são vastos: podem auxiliar em pesquisas e diagnósticos, como também podem distorce-los e modificar resultados; podem auxiliar na organização de fluxos administrativos, de logística ou trânsito, como também podem direciona-los para intenções outras, regidas por uma ética que nem os controladores controlam; podem auxiliar a seleção bibliográfica, como também podem censurar e esconder pensamentos. Há risco do desemprego tecnológico, impulsionado pela automação exponencial na execução de tarefas. Mas esse risco também houve quando da revolução industrial, e novos empregos foram criados.

Sendo assim, por qual razão a IA é um risco para além de outras invenções humanas, que também trouxeram riscos e encruzilhadas éticas, a ver pela bomba atômica e a capacidade de destruição do planeta, e como ela pode resultar em mudança na espécie humana?

Risco mais provável são os vieses e discriminação, pois os algoritmos de IA incorporam preconceitos e sempre terá havido o programador inicial a defini-los, mais ainda quando os conhecimentos e sentidos captados são os valores dominantes. A combinação sequenciada de padrões dominantes capta e reproduz esses mesmos padrões que, sob sociedades discriminatórias e opressoras, serão os que prevalecerão. Também a escala e a velocidade. O uso massivo de dados para treinar algoritmos suga informações sensíveis e elimina qualquer laivo de privacidade. Definitivamente, entramos na era da privacidade zero, em que espontaneamente entregamos nossos dados e passos até sermos espionados nos lugares mais recônditos. Igualmente nos tornaremos mais vulneráveis a ataques cibernéticos, até o momento que infraestruturas críticas serão atacadas por comandos que nem imaginamos de onde partiram e sob quais ferramentas e determinações.

Isso tudo resultará em consequências imprevistas e prejudiciais à humanidade em sua absoluta maioria, fruto de um desenvolvimento não ético. Mesmo quando regulamentado, pela velocidade exponencial da captação e reelaboração de dados, essas regulamentações sempre estarão muitos passos atrás da IA. Essa autonomia descontroladamente transferida, por mais regulada que seja (nos tempos atuais nem regulação há) sempre estará adiante da regulamentação por conta da velocidade da ferramenta. Hoje a IA sabe mais que ontem e amanhã muito mais que hoje.

Produzindo sistemas de IA autônomos e autorreproduzíveis, a previsão e controle de suas ações será ainda mais difícil de acontecer, o que irá levar a humanidade (ou a imensa maioria da humanidade) a situações críticas, para dizer o mínimo. O ponto de não retorno da construção dessa superinteligência artificial já aconteceu, e o processo parece irreversível. Cultura e Arte talvez sejam as únicas habilidades humanas, decerto as principais, a assegurar um Ponto de Equilíbrio na relação humano/IA, por semente, raiz e caule da Inteligência Vital.

Em não havendo o cultivo de outra forma de inteligência que possa fazer frente à IA, a capacidade humana de sentir, refletir e agir sobre a realidade será diretamente afetada. Teremos um "Admirável mundo novo" com uma população amortecida, passiva e idiotizada, ou um mundo de barbárie e horror ainda maior? Ou viveremos em um mundo em que grandes problemas e aflições terão sido resolvidos pelo novo deus IA?

Seria especulação responder agora, mas certamente não é especulativa a dúvida quanto à encruzilhada em que nos encontramos. Abdicaremos de nossa autonomia (que, ademais, é limitada) e livre arbítrio (que talvez nunca tenha existido de fato) em nome de uma superinteligência exponencial, que jamais conseguiremos alcançar? Ou vale a pena tomar algumas medidas para evitar o imprevisível que se aproxima?

Regulamentações éticas, de certo, são necessárias, assim como a transparência no desenvolvimento de algoritmos e padrões de responsabilidade e segurança dos sistemas. Mas sempre serão insuficientes e estarão atrasados em relação à tecnologia da IA. Na dúvida, confiemos na Inteligência Coletiva Vital. Mas ela só terá existência e potência se cultivada coletivamente.

Uma nova forma de inteligência humana em agnição ampla, massiva e persistente: a Inteligência Vital.

Cultura e a Arte poderão ampliar a capacidade humana de interação adaptativa e consciente com o mundo, levando em consideração aspectos vitais, éticos, emocionais e intelectuais a fazerem frente a um sistema de inteligência baseado em algoritmos, processamento de dados e automação na capacidade de aprendizado.

À reprodução de comportamentos inteligentes de forma computacional responderemos com a origem e conexão com a vida, relacionando vivência e experiência com observação, sentimentos e reflexões. Enraizada na consciência e na vitalidade dos seres vivos, a Inteligência Vital busca autonomia e autenticidade na tomada de decisões, leva em consideração valores e princípios individuais e coletivos. Enquanto a inteligência artificial, embora treinada para diferentes tarefas, tem natureza mais restrita e depende de parâmetros pré-estabelecidos, a Inteligência Vital possui a capacidade de se adaptar a diferentes contextos e circunstâncias, tem flexibilidade e adaptabilidade, características essas transmitidas pela Cultura e Arte.

No próximo Grão, a Teia como forma de cultivo da Inteligência Vital.

Grão 12 – Teia: a Inteligência Vital

Teias são encontros para reflexão, organização e celebração, tecituras contínuas a comporem um grande emaranhado de identidade e diversidade, novas legitimidades e criações. Uma forma de consulta popular que une as linguagens do coração, da cabeça e das mãos, um *sentirpensaragir* que é harmonizado na Cultura do Encontro. Muito já escrevi sobre as Teias exercitadas a partir dos Pontos de Cultura[23] e não vou me ater aos procedimentos específicos no contexto da Cultura Viva, concentrando-me em aspectos conceituais e filosóficos.

A Teia é uma outra forma de participação social e criação coletiva. Não se trata de um congresso verticalizado, nem de um festival. Ela é expressão da quebra de hierarquias e cria um ambiente propício para a aceleração de processos interpretativos da realidade em que tudo se mistura (realidades diversas, sensações, emoções, reflexões). A forma de expressão também é diferente, não sendo apenas verbal, quando prevalecem pessoas que têm melhor domínio retórico diante do público; há o espaço para a palavra, mas também para o gestual, a dança em roda, as cirandas, que são outras formas de argumentação e tomada de decisão.

Antes de prosseguir, uma observação: parem de utilizar o termo "cirandeiro" de forma pejorativa, como se fosse uma manifestação inconsequente e de pouco efeito prático. Ciranda é a conexão dos povos pescadores com as ondas do mar, com os movimentos da natureza, "*para dançar ciranda juntamos mãos com mãos*". Não é isso que o mundo mais necessita para transformar as relações sociais? Juntar mãos com mãos em rodas de igualdade, felicidade e beleza. Precisamos sair do labirinto imposto pelo atual modo de produção e dominação. Reconhecer essa dimensão cirandeira da vida em comunidade é gostar do povo, fazer revolução com alegria e reconhecer na potência da cultura popular o germe para a emancipação profunda.

A Teia é uma ciranda, fruto de uma dialética orgânica que modela encantamento, reflexão e organização. Quando no governo, foi a forma que eu encontrei para dar consistência prática ao conceito de Zona de Desenvolvimento Proximal. Nas palavras de Vygotsky:

"Zona de Desenvolvimento Proximal define aquelas funções que ainda não amadureceram, mas que estão em processo de maturação, funções que amadurecerão, mas que estão presentemente em estado embrionário. Essas funções poderiam ser chamadas de 'brotos' ou 'flores' do desenvolvimento, ao invés de 'frutos' do desenvolvimento. O nível de desenvolvimento real caracteriza o desenvolvimento mental retrospectivamente, enquanto a zona de desenvolvimento proximal caracteriza o desenvolvimento prospectivamente."[24]

Como método de participação e criação popular, vai além da política cultural *stricto sensu* e será ótimo se Teias forem aplicadas por movimentos sociais autônomos[25], também na relação Estado/Sociedade. Por que não Teias do Bolsa Família, das Mudanças Climáticas e Eventos Extremos, dos Jovens, do Antirracismo? "Tudo junto e misturado". Não só encontros "racionais" com oradores e plateia, mesas e seminários, mas como uma fusão *sentipensante*, quando o corpo fala e a memória grita. O conhecimento perturbador e intruso penetrando no conhecimento ordenado (racional?) e político. A animalidade do humano expressa pelas sabedorias da observação popular e ancestral, as diversas formas de percepção e os outros sentidos não mentais. Teias a recompor pontos nodais de articulação para o emergir de novos sujeitos em pluriverso.

Façam muitas Teias.

Dos povos, das Artes, dos bairros, das cidades e aldeias, dos mil temas, dos mil jeitos. E juntem tudo. Aproximem o nível de desenvolvimento real com o nível do desenvolvimento potencial. O "vir a ser" que está pronto para rebentar e é impedido de nascer. Chegou a hora.

Teia = sentir + pensar + agir.

Grão 13 – Cultura e senso comum

Senso comum são os valores que o povo consolidou enquanto conceitos e modos de ser, é retrospectivo porque acumula experiências do passado em camadas que se sedimentam. Sem diálogo com o senso comum não haverá transformação sustentável e potente.

Senso é a capacidade de julgar e elaborar pensamentos, diz respeito ao ato de apreciar, à busca de sentidos, ao senso de direção. Da raiz indo-européia *sent.* Um único vocábulo a apontar o caminho, a força vital colocando os grupos humanos em movimento. Alguém, há milênios, entre os rios Indo e Ganges, apontou para os picos nevados e disse: *Sent*! Com a força do vocábulo atravessaram desertos imaginando vales verdejantes. Comum é aquilo que se espraia a todos, pertence à comunidade, mesmo que intangível e imperceptível.

A Cultura é resultado desse caminhar e sentir coletivo que molda valores gerais. É também vetor da caminhada e da construção de sentidos. Quando a política cultural percebe essa dimensão dual "produto/vetor" é possível caminhar mais, ir além. Quem muito se distancia do senso comum (sentido, sentimento e compartilhamento), ao olhar para trás está sozinho, descolado do comum. Da mesma forma, quem fica preso ao senso comum caminha pouco, ou não caminha.

É desafio da Cultura realizar essa mediação. Respeitar o senso consolidado no pensamento popular ao mesmo tempo em que, escrupulosamente, instiga à sua superação. Olha adiante, aponta o caminho e diz: *sent,* para lá que vamos!

Pela Arte, em processos de fruição, revolvendo memória, aprendendo a fazer e criar, invenções sutis vão se movimentando por camadas. "Vão e voltam", em espiral. O educador John Dewey apontou uma pista de como realizar essa mediação a partir da Arte:

Toda arte faz algo com algum material físico, o corpo ou alguma coisa externa a ele, com ou sem o uso de instrumentos intervenientes, e com vistas à produção de algo visível, audível ou tangível [...] Para que a habilidade seja artística, no sentido final, ela precisa ser ***'amorosa'****; precisa importar-se profundamente com o tema sobre o qual a habilidade é exercida."*[26]

A conexão com o senso comum jamais será realizada sem a dimensão da amorosidade e do respeito ao próximo. Essa conexão só é perceptível, sentida e vivenciada, quando através da Arte. Sentir pressupõe experimentar sensações a partir dos sentidos. Também é ponto de partida para a tomada de decisão como resultado de ato perceptivo/reflexivo. São as sensações que produzem as maneiras de ser do sujeito e essas são captadas pelos sentidos (audição, visão, tato...). Cabe à Cultura cultivar esse processo até que pensamento/corpo/sensações se tornem uno.

Como fazer?

Pelas pequenas e repetidas práticas cotidianas. O direito de brincar (todo dia), de fazer um desenho (muitos), de escutar histórias, ver teatro, bonecos, mamulengos, títeres, de sorrir, de se encantar com a dança. Ou, de repente, de relance, escutar uma orquestra pela televisão e se sentir maravilhado com aquela sinfonia ao ponto de decidir:

"– vou viver de música, nunca mais cortarei cana!"

Essa foi a decisão do sr. Nelson dos Santos, cortador de cana de açúcar no município de Marechal Deodoro, estado de Alagoas. Em uma manhã de domingo, assistindo televisão, ele ficou encantado com um concerto sinfônico. Após aquele momento, aos cinquenta anos de idade, se transformou em Nelson da Rabeca, músico e luthier autodidata de rabecas, já falecido.

Política Cultural voltada para pequenos grupos iniciados, para os chamados "fazedores de cultura" ou "povo da cultura", por mais criativos e descolados que sejam, é algo por demais limitado. Também é limitado se reduzir ao público já formado na fruição artística. Idem a grupos específicos, mesmo quando alternativos, periféricos, de vanguarda ou retaguarda. Cultura que não atravessa fronteiras, que não vai além, que não tem coragem de subir aos picos das montanhas para descer aos vales e subir novamente, que não atravessa rios, pântanos e mares, deserto e floresta, frio e calor, não tem sentido transformador. É Cultura da zona do conforto, por mais coisas belas que também são produzidas sob o conforto. Política Cultural ou tem a ousadia e a coragem de ser para todo mundo, atravessando (e depurando) o senso comum, ou não será a Cultura que emancipa. Não transforma, só conforma.

Pensem em fazer política cultural para aquela mulher pobre, parda, habitando as periferias do mundo, mãe solo que acorda às 4 horas da madrugada para deixar a comida pronta para os filhos, pega trem, ônibus ou metrô, chacoalha por duas horas no transporte público até chegar na casa em que irá fazer a limpeza, passar roupa, organizar tudo na casa alheia para depois voltar, mais duas horas no transporte, arrumar a própria casa. Para em seguida ir à Igreja, o único lugar em que é recebida na porta, cumprimentada pelo nome, e que vai escutar pregações cheias de preconceitos, também com amor, e ódio. Depois, cinco horas de sono. Depois acordar. E fazer tudo novamente, e novamente. Enfrentando vento, frio, chuva, calor, maus cheiros, maus tratos, invisibilidade e desamor.

Pensem nessa mulher. Façam política cultural também para ela. Aparentemente cheia de preconceitos, reacionária até, a depender do ponto de vista de quem a vê, ou não vê. Analfabeta ou com pouca instrução formal. Essa mulher existe. É real.

Alguém imagina transformar o mundo esquecendo de mulheres como ela?

Pensem nela não como paciente, receptora, mas como agente. O contexto pode ser urbano-metropolitano como no exemplo acima, ou junto a povos tradicionais, ou em pequenos municípios com comunidades mais coesas. Há muitos preconceitos absorvidos na Cultura Popular e Tradicional, ideias e modos de ser que se entrecruzam, na classe operária, na gente dos interiores, no precariado batalhador...

Senso comum é resultado da sedimentação de pensamentos precedentes, ele condensa a ideologia dominante e incorpora modos de ser, pensar e agir acumulados em tempos passados, expressos em imperceptíveis sinais. Sinais não tão bonitos, feios até. Outros, de beleza tão pura e profunda.

Aquela mesma mulher aparentemente tomada pelo conservadorismo e o individualismo é solidária, acolhe a vizinha na adversidade, divide o pão, sorri em meio à agrura, vira onça diante de injustiças e desmandos, também se cala e se resigna como estratégia de sobrevivência. Pode não compreender a origem da injustiça, mas sente como lambada de serpente, e reage. Tem sonhos e é maravilhada quando tocada pela beleza do mundo, seja observando um artesanato bem feito ou convidada para adentrar em um concerto num teatro e ouvir uma orquestra com solo de piano. Vai ao teatro vestindo a melhor roupa e se emociona a ponto de saírem lágrimas ritmadas ao som do piano. A beleza de quem junta mãos com mãos, em um concerto de música clássica ou com a beleza de uma viola sentida, chorada:

> *"No lugar onde tem sede, eu de sede lá não caio*
> *Levanto de madrugada e bebo o pingo de orvalho*
> *Chora viola"* (Chora viola – Tião Carreiro e Pardinho)

Senso comum é prisão e libertação. Há preconceitos a serem superados. Não podemos nos prender a eles. Ou nos conformaremos em viver sempre sob o patriarcado, como quase todos os povos em todos continentes há milênios? Junto aos grilhões há potência a ser alavancada. Ancestralidade e tradição trazem essa ambiguidade incorporada ao senso comum. A beleza e potência da Cavalhada também expressa a vitória dos europeus sobre os africanos, e é representada por descendentes desses. Divinamente pelos *curucucus* de Pirenópolis, mascarados com coloridas feições de animais e seus chifres a espantarem os maus espíritos. Usando as máscaras como elmo a encobrir o rosto, gente do povo, cafuzos, mamelucos, que por aqui se misturaram. O chapéu de sol do Maracatu, o lanceiro com sua lança saída dos canaviais. A passista no samba, o mestre salas e a porta bandeira, e a ala das baianas, e a bateria, e o enredo a evocar os ancestrais em um grito por liberdade; ou a fazer merchandising ou troca de voto, a depender do interesse do patrocinador, e do patrono da Escola. Em meio a ambiguidades e contradições é necessário ultrapassar o senso comum, mas não se esqueçam que ele é o chão que prepara o salto.

Não há como dar salto sem levar em conta os costumes em comum do povo, seus modos de ser, pensar e agir, suas relações reais de vida tal qual vivenciada. Aquela mulher pobre cujo único tempo de lazer e descanso é a hora do culto, que no domingo terá que faxinar em casa, lavar roupa, passar roupa e no finalzinho do dia relaxar na frente da TV; se a política cultural pretende realmente ser transformadora, ela deve se aproximar dessa mulher. E dos homens brutos e delicados. E dos jovens rebeldes e conformados. E dos velhos tristes e esperançados. E daqueles que vivem em lugares distantes, cujo lazer e cultura se resume a ir ao bar ou à festa do peão, ou da padroeira, que durante as semanas assistem na TV os mesmos programas sensacionalistas de sempre. Ano todo. Anos a fio. Talvez o único momento de contato com algo que lembre a arte está na ida a um evento com artista inatingível e com alto cachê; visto de longe pela multidão enquanto destila lugares comuns em rima fraca e acordes ruins.

São eventos que também moldam o senso comum, passam mensagens, atitudes que atravessam os modos de ser do patrão, do peão e do capataz. Há que ter sabedoria, sensibilidade e coragem para também fazer política cultural para essas pessoas. Evento é uma dimensão da cultura, é o momento da realização de algo, que pode ser grande ou pequeno. Quando descolado do processo "é vento!" (alguém disse isso em algum lugar em que eu estava, não anotei o nome da pessoa, mas guardei a ideia e trocadilho bem humorado). Quando vinculados a processos continuados de criatividade, eventos podem ter sentido transformador, mesmo sendo um momento apenas. Saber compreender essas diferenças e produzir eventos que acendam a centelha do maravilhamento e da transformação é o desafio da Política Cultural.

Há o que fazer.

Voltando ao exemplo daquela mulher. Talvez palhaçaria nas madrugadas e horários de volta para casa, em terminais de ônibus, vagões de trem. Instantes de beleza e riso. Ou museus a céu aberto, não só com grafite, também com paisagismo, cartazes, plantas ornamentais, muralismo, mosaico. Teatro de rua, dança, boa música pelo caminho. O que for. Teatros abertos à classe trabalhadora no final do expediente; Mario de Andrade, em 1935, criou o programa Concertos Operários no Municipal de São Paulo. Por que não levar orquestras sinfônicas aos bairros? Em Campinas havia um maestro, Benito Juarez, que realizava concertos todos os meses pelas periferias da cidade, fez isso do final dos anos 1970 aos anos 1990. Era tão bonito ver as famílias levarem cadeiras para audição da sinfônica nas ruas, avós com netos, vizinhos, muitos vestindo a melhor roupa para assistir a um concerto sinfônico em praça pública. Também promover as artes da gente do bairro, das cidades pequenas, das aldeias, habilidosos artistas, sejam violeiros, rendeiras, bordadeiras, contadores de história. Sempre há um artista a ser descoberto em cada um.

Se não for com esses exemplos, que se invente outros, há sempre o que inventar. A missão de uma política cultural é desesconder o escondido, dessilenciar o silenciado, desinvisibilizar o invisível. E inventar. Inventar muito, até que tudo se junta em uma só potência vital. E fazer sempre, cotidianamente, até ficar com as mãos calejadas, como de agricultores que muito pegaram na enxada para revolver a terra.

Revolvendo a terra e semeando nos conectamos ao senso comum. Escavando fundo o patamar do senso comum vai sendo modificado e cria novos padrões. Novos sensos e novas formas e maneiras de ser, novos valores a fazer brotar novos homens e mulheres, e gente nos gêneros que for. "Homem Novo", dizia-se há algumas décadas; humanos novos, melhor dizendo hoje. Quiçá melhores, mais humanos e solidários, menos coisa e mais gente. Com persistência, delicadeza, amorosidade, e muita arte, o senso comum é broto para novas flores. Desde que, lembrem-se, "vá e volte", como na geometria do girassol.

Grão 14 – Cultura do Encontro

"A vida é a arte do encontro, embora haja tanto desencontro pela vida"

(Vinícius de Moraes)

Para surpresa de muitos a poesia de Vinícius de Moraes foi citada como referência na encíclica *Tutti Fratelli*, do Papa Francisco. Afrosambas, uma série poético-musical inspirada na cultura dos terreiros. A religiosidade de matriz africana na cadência do samba, agora em encíclica papal. Uma forma de oração.

– *Saravá!*

Dança de roda ao som do batuque africano que reverbera no tempo, inspirando arte e filosofia, presente na voz dos poetas e na encíclica do Papa Francisco. O ritmo dos escravizados e sua raiz ancestral, a voz dos despossuídos, o som dos morros, das favelas, dos subúrbios. Um grito de lamento, com um "bocado de tristeza...pra fazer um samba com beleza". A síntese do encontro entre mundos que aconteceu no território que veio a ser chamado de Brasil. Uma louvação à mestiçagem, à mistura entre povos. Linda, "como a pele macia de Oxum", a orixá das cachoeiras, que reina sobre as águas doces, a senhora da beleza, da fertilidade e do poder feminino.

– *Saravá!*

Para as religiões brasileiras de matriz africana, Saravá é a força de Deus e da natureza que estão dentro da pessoa. Saravá: "O Deus que carrego dentro de mim saúda o Deus que carregas dentro de ti". Assim foi composto o "*Samba da Benção*" de Vinícius de Moraes, usado como inspiração para apresentação do conceito da Cultura do Encontro. Uma busca pela fraternidade e a amizade social expressa na encíclica *Fratelli Tutti.* Ao sintetizar a Cultura do Encontro em versos de samba, Papa Francisco promoveu uma sensível aproximação entre a Cultura do Encontro e a Cultura Viva. Dessas, com o Bem Viver ameríndio (*Sumak Kawsay*, em quéchua) e a ética africana do *Ubuntu*. Ubuntu, palavra do idioma bantu cuja expressão significa que a humanidade de uma pessoa só se realiza quando em relação com a humanidade das demais pessoas. Sem relação, sem encontro, não há humanidade, é o que ensina a filosofia do Ubuntu.

Da arte do encontro entre desencontros, Papa Francisco tece a aproximação com todas as ideias, práticas, culturas e filosofias que o mundo produziu. Em todos os cantos do mundo, por todos os povos, os povos desaparecidos, explorados e dominados, os que estão aí e se negam a ser coisa, todos têm a sua força desconhecida, potente, latente, reprimida, recolhida. Essa força, em variados graus, está presente em todas as sociedades e culturas.

Como encontrar essa força?

A humanidade é uma só, independente de cor, tempo, lugar, cultura. O que nos divide, separa e diferencia é a relação entre quem explora e humilha e quem é explorado e humilhado. Tudo mais nos une. Cultura do Encontro é a valorização da ética, da filosofia e de conhecimentos antes desprezados, ofendidos e apagados. Pela Cultura do Encontro são quebradas hierarquias culturais e de dominação, isso abre caminho para o estabelecimento de novas legitimidades, que só pode acontecer quando em escuta radical e verdadeira. Sem escuta o encontro e o respeito ao próximo não se realizam, escuta que se faz com o coração e a mente integrados, em harmonia. A escuta do *Corazonar* latinoamericano, o "*sentirpensar*" que se expressa na unidade entre o ancestral, o comunitário, o cosmopolita, o urbano, o rural, o popular, o escrito, o oral, o científico e o artístico. *Corazonar*, ou *sentirpensar*, cria uma nova forma de agir, o *sentirpensaragir*, verbo composto que harmoniza as linguagens do coração, da cabeça e das mãos. É o *Corazonar* em ação.

Para além do lugar do universo em que nascemos, somos todos irmãos e ninguém se salvará sozinho. O oposto das "sombras dum mundo fechado"[27], quando a lógica do Mercado é baseada no lucro e na cultura do descarte (de coisas e seres), resultando na falta de interesse pelo bem comum, no racismo, na miséria, no sufoco e desamparo sob a emergência climática e as guerras, a subjugação das mulheres, as opressões contra os mais fracos e diferentes, aqueles que não se enquadram na norma, produzindo desigualdade de direitos e injustiças que geram mais aberrações e horrores. Tudo isso é reflexo de um estranho caminho trilhado por uma sociedade doente, "...que vira as costas à dor e é 'analfabeta' no cuidado dos mais frágeis e vulneráveis". Cultura do Encontro é a construção de pontes pelo amor.

É preciso coragem para amar. O objetivo é pensar e gerar um mundo aberto, um convite para "'sair de si mesmo' para encontrar nos outros um acrescentamento de Ser". O Ser se acrescenta quando acolhe, protege, promove e integra, não quando enxota, abandona, degrada e segrega. O Ser que agrega resgata o sentido de Bem Comum e do ato moral de as pessoas se colocarem à serviço da comunidade. Essa é a mais nobre missão da política, deveria ser a única, jamais fazer política para si ou seu grupo cerrado. Sem esse entendimento, que é ético e cultural, seguiremos incapazes de "assegurar que cada um tenha a possibilidade de desenvolver suas próprias capacidades".

A possibilidade de cada um, para ser alegre, livre e emancipada, só se realiza quando a capacidade de todos, todas e todes, abre a perspectiva da solidariedade profunda. Esse sentimento só é possível quando se conhece a importância do povo, no sentido de popular, da fonte originária de poder, razão e devir. Quando se ama o povo, para além de estereótipos e essencializações, se realiza um mergulho na escuta sensível, verdadeira. No entranhado de amor ao povo se ama o próximo. Amando o próximo se ama a natureza e a comunidade da vida. Não o povo abstrato, uma essência idealizada, mas o povo como ele é.

Todavia, o amor verdadeiro não é uma atitude de contemplação ou conformismo com aquilo que é. Parte-se do *povo em si* para, caminhando junto, alcançar o povo que pode vir a ser *povo para si*. Povo que ainda há de se emancipar em convergência e encontro com a natureza do qual é parte. Quando isso acontecer estará se realizando a Biopotência, a potência da vida, livre das amarras e imposições dos sistemas de dominação e controle. No entanto, ainda não estamos lá.

Grão 15 – Embora haja tanto desencontro pela vida

É necessário firmar a unidade Povo, via diálogo e amizade social. "*Diálogo e amizade social*" é o título do sexto capítulo da Fratelli Tutti, é quando acontece a citação do poeta Vinícius de Moraes. Repetindo: "A vida é a arte do encontro, embora haja tanto desencontro pela vida". Sob a produção de desencontros e fragmentações o Poder Absoluto tem prevalecido há milênios, controlando e disciplinando vidas, medos e desejos. Se impôs aqui, lá, acolá, em todos os lugares e tempos. Esse poder sobre a vida, ou Biopoder, que é diferente de Biopotência, desarmoniza o Ser ao desestruturar a categoria povo enquanto unidade. Desmonta a capacidade do Ser ao impedir este de se relacionar com outros seres em relações de equilíbrio e equidade. Se impõe como Ideologia do Domínio.

Ideologia do Domínio remete à subjugação e opressão, é a opressão total, que oprime, inclusive, parte daqueles que tem ganância por domínio, mesmo seguindo apenas como mero instrumento dos que se locupletam do Domínio que pretendem impor, seja de ordem econômica, social, política, religiosa ou cultural. Daí a necessidade de resgatar as categorias Povo e Popular para uma conexão direta[28]. Diferente da conotação negativa, rebaixada e vulgar, comumente atribuída ao diálogo direto com o povo, mormente designada pela palavra populismo, como expressão do demagógico e soluções simplistas, é chegado o momento da construção de um programa inteligível, palpável, mobilizador e transformador no diálogo direto com o povo. Donde o papel estratégico da Cultura, unindo amorosidade, criatividade e transformação social na conexão com os sentidos de povo e popular.

O ambiente das redes sociais provocou a quebra de todo tipo de intermediação, há um desejo de relação direta com as referências (no caso das redes, os chamados *influencers*), que é transposto para a política, reforçando uma razão populista, de vínculo direto entre lideranças e formuladores de política e a população. As dificuldades das esquerdas e dos chamados movimentos progressistas no estabelecimento de conexão com povo, multidão ou massa, antes mediadas por sindicatos, partidos políticos e associativismo, são resultado de ainda não haverem compreendido as mudanças profundas de comportamento social havidas nas últimas décadas por conta da cultura das redes sociais, fenômeno esse que a extrema direita conseguiu captar e capturar para seus propósitos. Antes de avançar, no entanto, há que compreender o conceito de Polarização.

O mundo vive tempos de polarização. Era de monstros em que o Novo Mundo ainda não nasceu ao mesmo tempo em que o Velho Mundo está morrendo. De um lado, cansaço e esgotamento com o modelo neoliberal que tem levado à desorganização da vida social, perda de direitos e esperanças, quebra de vínculos solidários, aturdimento e estupefação. De outro, mais choque, mais retirada de direitos, mais imposições, trancos e escaramuças. Tudo isso gera medo, incerteza e desamparo. E violência. De parte a parte, primeiro em forma verbal, depois intimidações e cancelamentos, até que a violência irrompe do estado latente para as vias de fato. Em meio ao *claro-escuro* de quando os monstros se alojam na vida social e no imaginário, o desprendimento do senso de ética e de realidade. Tudo fica nebuloso em um mundo cheio de convicções desprovidas de ética e análise dos fatos. São as certezas sem substância ou sentido que, de tão repetidas e reproduzidas em círculos fechados, transformam-se em razão motriz para mais polarização e retóricas do ódio. É o triunfo do vazio de sentidos a assegurar a vitória da ordem dominante de sempre, agora ainda mais poderosa.

Comumente, o termo "polarização política" é apresentado como reflexo de extremismos, quando polos opostos se repelem.

Tenho entendimento diferente e gostaria de sugerir um aprofundamento do conceito, compreendendo-o em sua historicidade tal qual aplicado a partir da segunda década do século XXI. A polarização dos tempos atuais vem entramada por superficialidade, fundamentalismos e negacionismos. Isso resulta em desprezo ao diferente, falta de curiosidade, dissonância cognitiva, ausência de princípios, programa e propósitos claros. Não se trata de uma razão extremada apenas, mas da adoção de uma razão extremada e inventada, fictícia, descolada do real. Mais que uma ética extremista é uma ética oscilante conforme as conveniências, manipulando as subjetividades em formas ruidosas e desprovidas de conteúdo profundo. É uma polarização para a manutenção do *status quo*.

Ser radical e ir à raiz dos problemas é algo necessário para a melhor compreensão do mundo, é não se conformar com a aparência das coisas, buscando razão e sentido para nessa descoberta poder transformar as coisas. Em tempos de mudanças climáticas há que ter coragem para uma radical mudança nos padrões de produção e consumo antes que a mudança do clima se imponha como colapso. Quando em crise civilizatória há que ter destemor, arrojo e galhardia para impedir o horror. O problema não está em ser radical, nem na razão extrema para mudanças que se fazem necessárias, a questão reside na polarização sem sentido, na incapacidade em compreender processos e razões.

A polarização que vivemos, no Brasil e em tantos cantos do mundo, é uma polarização de aparências e superfície, contraditória, desprovida de senso de ética e de realidade. Uma guerra por bandeiras vãs, muitas delas estapafúrdias, ridículas até, mas que sob a lógica das polarizações vazias ganham sentido em forma de simulacro. Isso produz um patriotismo entreguista, de quem odeia o espelho, o povo, as árvores, águas e geografia da pátria que diz amar. Produz um falso moralismo, em que corruptos e sonegadores são os que mais erguem a voz contra a corrupção.

Sob palavras de ordem em defesa da liberdade, censuram, matam, reprimem, agridem. Sob a defesa da verdade, mentem e mentem, descaradamente. Com isso a polarização se impõe tornando a vida algo banal, descartável e efêmero. Até que se imponham novas razões inventadas e superficiais para novas polarizações sem fim.

O ritmo da polarização atual levará a processos de violência, agressão e extermínio inimaginável. Muito provavelmente, quando a violência advir com todo seu horror, será ainda mais violenta, porque estetizada, de afirmação simbólica do nada, da incapacidade de ouvir e da atribuição de sentidos falsos ao que se percebe como diferente. Não mais aquilo que é tal qual se fez em existência, mas aquilo que se atribui ao que se pensa que é. Uma essencialização do Outro transformado em estereótipo. Neste caso, uma atribuição de sentido que é de parte a parte, quando mesmo em nome de boas causas ou bem intencionada e em busca de reparação. Atribui-se a condição do Outro não aquilo que ele é, mas pela essência idealizada que o atribuidor pensa que é. Essa é a principal característica da polarização atual. Precisa ser detida, desmontada, desarmada, enquanto há tempo (há muito pouco tempo) por perigosa, violenta, julgadora, canceladora e destruidora. Uma bomba-relógio pronta para explodir. Haverá sabedoria e coragem para desarmá-la?

Grão 16 – Arte do Encontro

Arte do Encontro é o oposto da polarização, surge para harmonizar o Ser, tornando-o forte o suficiente para não se deixar empeçonhar pelo domínio do medo e das verdades inventadas. Encontrar é desarmar o ódio, pressupõe disposição para promover o flerte e a convivência entre os seres, os diferentes e divergentes. Do contrário não haverá futuro para além da barbárie. Nem arte. Nem convivência ou paz. Cultura do Encontro não significa ser "neutro" ou "isento", muito menos a relativizar horrores ou ausência de tomada de medida para evitá-los.

Não se pode tolerar a intolerância. Cultura do Encontro é ter disposição para abraçar "...as periferias do mundo e os povos originários". É uma arte para a "libertação da crueldade, da ansiedade que não nos deixa pensar nos outros, da urgência distraída". É a radical cercania com os *de abaixo*, com os esquecidos e desvalidos, os explorados e humilhados. É saber escutar e nesse processo de escuta acelerar processos para o encontro.

Quando isso acontecer a Cultura do Encontro haverá reaproximando palavras e sentidos que nem sempre se conjugam em unidade, promovendo uma profunda reflexão sobre o valor e a promoção da Cultura de paz e convivência. Uma paz proativa, baseada no servir aos outros, jamais servindo-se dos outros. Paz e convivência para o desenvolvimento mútuo, fruto da culturalização da política e da politização da cultura.

Cultura do Encontro é um conceito e um método criado por Jorge Bergoglio, o Papa Francisco. Afora o que apresentei nos Grãos anteriores, eu aprofundo e exemplifico o conceito no capítulo *"Escolas do Encontro"* em meu livro *"Por Todos os Caminhos – Pontos de Cultura na América Latina"*, por isso farei apenas uma breve síntese histórica para equilibrar o entendimento.

Nas palavras do Papa Francisco, Cultura do Encontro é:

> *"Não olhar apenas, mas ver; não ouvir apenas, mas escutar; não só cruzar com os outros, mas parar. Não dizer apenas '-que pena, pobre pessoas', mas deixar-se levar pela compaixão."*

Esse conceito começou a ser praticado no dia 18 de julho de 1994, Bergoglio era Bispo na cidade de Buenos Aires. Um carro-bomba explodiu na frente da sede da AMIA (Associação Mutual Israelita Argentina) provocando a morte de 85 pessoas e 300 feridos, foi o maior ataque terrorista já acontecido na

Argentina. No dia seguinte Bergoglio solicitou a um diretor de Escola Católica vinculado à sua diocese, José Maria del Corral, que juntasse jovens de diversas religiões para discutirem sobre aquele grande trauma. Juntaram aproximadamente oitenta jovens, que, acompanhados por Bergoglio, se reuniram por cinco dias em imersão, 15 de origem católica, 15 judeus, 15 muçulmanos e 15 evangélicos, outro tanto sem religião. Um intenso processo em que um era estimulado a escutar o outro. Assim surgiu o conceito. Encontros posteriores moldaram o método.

Anos depois, com o agravamento da crise econômica argentina na virada do milênio, novo passo, *Escolas de Vizinhos*. Já arcebispo, Bergoglio estimulou Escolas Católicas a se irmanarem com escolas públicas em regiões periféricas da Grande Buenos Aires. Chamou outro colaborador, Enrique Palmeyro, para promover encontros entre jovens de realidades diferentes, com novos exercícios de escuta e conhecimento da realidade do outro. Escuta que é ausculta porque o som que se ouve é do coração.

Anos se passaram. Bergoglio se torna Papa e cria o programa *Scholas Occurrentes* (Escolas do Encontro) com a missão de disseminar o conceito pelo mundo e chama aqueles dois colaboradores, José Maria e Enrique, para dirigirem o movimento. Em 2015 eu tive a honra de ser convidado para ministrar conferência de abertura no congresso do *Scholas*, na Sala do Sínodo no Vaticano. Daí surgiu uma abençoada convergência entre cultura viva, ponto de cultura e cultura do encontro. De volta ao Brasil, com apoio de amigos de longo tempo, foi possível organizar encontro de jovens com o método aperfeiçoado pelo *Schollas Occurrentes*, sob a denominação de Jornada da Cidadania[29]. Alguns jovens da Argentina vieram para prestar auxílio na aplicação do método. Juntamos quinze escolas, entre públicas e privadas, católicas, evangélicas e judaica, jovens com síndrome de down, com deficiência auditiva, visual, físicas... Foram selecionados 20 alunos de cada escola, 300 no total. Cinco dias em imersão plena. Os jovens foram instigados a escolherem dois temas de interesse, sem interferência dos adultos, em seguida se dividiram em grupos para testar hipóteses sobre causas e soluções, até apresenta-las em documento final para autoridades convidadas. Como forma de expressão, não somente o racional e o reflexivo, mas muita arte.

Mais que a solução em si, que pode fugir da capacidade dos participantes em resolver, o que importa é o processo em ambiente de radical e profunda diversidade; e quanto mais distintas e díspares as realidades, melhor. Nas palavras de uma jovem participante, Giulia Gerard, então com 17 anos:

> *"No encontro das Scholas Cidadania, que aconteceu aqui em São Paulo no ano passado, nós entramos em contato com pessoas de diversas classes sociais, múltiplas opiniões e diferentes dificuldades físicas. Foi muito enriquecedor entrar em contato e compartilhar experiências com essas pessoas, porque nós acabamos nos reconhecendo nelas. E, por isso, percebemos que nós, jovens, compartilhamos as mesmas esperanças, angústias e desejos adolescentes."*

Em um mundo polarizado, alimentado por ódios e ignorâncias, em meio ao desprezo pelo outro, circunscrito a guetos e fragmentado em divisões cada vez mais excludentes, promover a Cultura do Encontro é a melhor vacina para impedir a desagregação e o aprofundamento dos ódios a descambarem em *bullying*, atentados a escolas, perseguições, agressões e violência social. Pela Cultura do Encontro se percebe igual na diferença[30]. Nas palavras de Francisco, em outro encontro com jovens brasileiros, com a participação e intervenção de jovens de diversos países por videoconferência:

> *"Nessa sociedade que está acostumada a excluir, a selecionar, a agredir, a 'ningunear' – é difícil traduzir essa palavra, não importa –, a*

ningunear [desprezar]... Nas Scholas, não, o objetivo é incluir, dar as mãos, abraçar, não agredir e reconhecer que nenhuma pessoa é não. Todas são sim!"

Pela Cultura do Encontro o mundo há de se encontrar. Esse é um conceito e método a ser aplicado junto a jovens e crianças, mas também a outros grupos sociais e faixas etárias, incluindo o encontro intergeracional. Crianças e adolescentes talvez sejam mais receptivos por menos eivados por preconceitos e verdades arraigadas. Quanto a esses, o ideal seria realizar uma jornada da cidadania por ano, com todos, juntando várias escolas de realidades diferentes, entrelaçando mundos. Ano após ano, em todas as 180 mil escolas do Brasil. Imaginaram? Nas centenas de milhares de escolas na América Latina. Nas milhões de escolas do mundo. Jovens de idades diferentes, inclusive, estimulando diálogo, acolhida e aprendizado. Desde o primeiro ano do ensino fundamental até o terceiro ano do ensino médio, a cada ano seriam estimulados a escolher por decisão própria dois problemas e a buscar solução para eles. Preferencialmente juntando várias escolas, cinco, dez escolas, cada qual enviando uma quantidade de alunos. Depois reproduzindo a Jornada da Cidadania internamente na Escola. Em não havendo outra Escola no mesmo município, que seja numa só. Doze, ou dez ou oito anos em continuidade. A cada ano novos temas e exercícios metodológicos de busca pelo consenso através da arte e do diálogo.

Quanto não se avançaria na eliminação do bullying, rivalidades e desentendimentos entre jovens de diferentes bairros e escolas? Anos a fio em exercícios de convivência e paz. Não custa muito. Um espaço para juntar os jovens, alimentação, algum material de apoio para a expressão dos participantes, acompanhamento de alguns professores e adultos, mas em acompanhamento à distância, porque os monitores da "Jornada" precisam ser os próprios jovens, escolhendo aqueles com idade poucos anos a mais que a idade da maioria dos participantes. O protagonismo tem que ser dos jovens. Imaginem. Anos a fio pela Cultura do Encontro. Em todas as escolas, para todos os jovens e crianças do Brasil, da América Latina, do mundo.

Ninguém nasce odiando outrem, disse Nelson Mandela. Odiar é um aprendizado. Encontrar-se e conviver também. Com o Novo Ensino Médio foram impostos tantos itinerários sem sentido (ou com sentido instrumentalizador) aos jovens, até palestras com "*coachs*". Bem que a grade curricular poderia incluir o direito dos jovens a uma Jornada da Cidadania por ano. Tenham certeza, mudaria o comportamento de uma geração. Um jovem de condomínio, em escola privada e que só frequenta shopping center e espaços fechados é um jovem excluído da cultura de seu povo, de sua gente, também precisa ser acolhido. Empatia só se realiza quando se conhece o outro. Sob o conceito da Cultura do Encontro é um equívoco concentrar ações em grupos homogêneos, quanto mais heterogeneidade melhor. É uma via de mão dupla. Assim como jovens em situação de vulnerabilidade social, é preciso oferecer meios para que rompam os muros ao qual foram confinados, os muros físicos e os invisíveis.

Depois de muito experimentar nas Escolas, seria possível ampliar a experiência para ambientes de conflito. Em 2017 houve um encontro em Jerusalém em jornada semelhante, 60 jovens judeus, 60 palestinos e mais 40 jovens de uma dezena de países; pelo Instituto Casa Comum encaminhamos três jovens do Brasil. Imaginem. Jornadas da Cidadania em alta escala, envolvendo todos os jovens dos territórios de Israel e Palestina, também com jovens de outros países, mesmo que em menor quantidade, para assegurar uma contribuição para uma visão "de fora". Ano após ano. Com a persistência de um agricultor de oliveiras, as mesmas que hoje são brutalmente cortadas, bombas, terrorismo e horror teriam sido desarmados.

Quando o Papa Francisco realizou viagem à Cuba e aos Estados Unidos ele promoveu uma Jornada da Cidadania entre jovens de Havana e Nova York, pela internet, não foi possível fazer presencialmente, mas com o mesmo método e durante cinco dias. Essa é a filosofia da Cultura do Encontro e que pode ir além dos jovens. Jornadas da Cidadania entre torcidas adversárias no futebol, entre bairros, entre "polarizados" politicamente. Adultos podem e devem aprender e praticar o encontro. Não é uma proposta ingênua ou romântica, é um ato de coragem. Pela Cultura do Encontro é possível desarmar a polarização e a cultura do ódio. Com radicalidade extrema. Radicalidade de quem vai à raiz. Extremismo de quem rompe o imobilismo e o queixume, vai aos opostos para produzir a aproximação.

Cultura do Encontro se entrelaça com outras ações, conforme exemplos que discorri em grãos anteriores. O Recreio nas Férias é uma ação, a Teia entre Pontos de Cultura outra, o espalhamento de literatura e arte, outra, a Teia dos Povos. Percebam as Jornadas da Cidadania como forma e método de aplicação. São parte de um convite radical. Não somos coisa, não nos deixemos manipular pela coisificação. Um convite à descoberta da diversidade profunda, que se realiza na relação com as identidades diversas. Identidades diversas que estão presentes em um único ser, inclusive. Ninguém é uma essência imutável. Nós somos o que produzimos de nós, produto e vetor de nossas maneiras de ser, formas de interpretar e agir no mundo. Dessa produção da existência formas e sentidos vão sendo modificados, ponto a ponto, criando novas configurações no longo prazo. Configurações de comportamento que, ao longo dos anos, resultam em saltos de qualidade. Quiçá, radicalmente esperançosos, livres e corajosos. Por isso dedico minha vida. Sei que há tantos mais. Precisamos nos encontrar.

Grão 17 – Uma nova cultura política

Norbert Elias[31], original pensador e sociólogo histórico, identificou na gênese do esporte moderno, que se iniciou na Inglaterra na segunda metade do século XVII, um fenômeno que ele definiu como a "parlamentarização do esporte" (e a desportivização do parlamento, mas esse é assunto para outro texto, em outro livro). Analisando o surgimento do primeiro esporte moderno, o boxe, ele demonstra que a introdução de regras de *fair play* teve um determinante papel na pacificação da Inglaterra. No século XVII o país havia passado por uma situação de profunda violência com a chamada "Revolução Gloriosa", resultado de uma guerra civil entre puritanos e anglicanos, pequenos e grandes proprietários. Foi uma matança. Não se confiava em ninguém, quando um grupo chegava ao poder logo enforcava os do grupo adversário. Uma sucessão de enforcamentos, intolerâncias e aniquilamentos.

Passado esse período mais tenso cabia pacificar as relações em meio a uma sociedade cindida. É quando surge o esporte tal qual conhecemos. Disciplinando as lutas e competições entre vilas e cidades, introduzindo luvas para o combate as mãos, definindo que golpes abaixo da cintura não seriam permitidos, nem chutes, nem dedo nos olhos ou mordida (a despeito da mordida de Mike Thyson na orelha de seu oponente, Evander Holyfield, três séculos depois), o povo da Inglaterra, a gente simples, foi aprendendo a conviver em ambientes com regras e foi controlando a própria violência. Nesse ambiente de pacificação social, que durou mais de cinquenta anos para se estabelecer, foram encontrando novas formas de convivência e paz, o que explica, inclusive, o fato de a Inglaterra não haver passado por uma Revolução como a Francesa, um século depois, havendo mantido a monarquia[32].

O importante a aprender com a análise desse processo é que pequenas, e aparentemente insignificantes medidas, quando continuamente reproduzidas e aperfeiçoadas, espraiadas por todos os cantos, sem que sejam resultado de discurso racional ou apresentação de objetivos delimitados, resultam em aprendizados e processos civilizadores (conforme conceito de Elias). Essa é a grande contribuição da Cultura e do Esporte (que é uma forma de Cultura) quando compreendida enquanto universalizante e atravessadora de fronteiras. No caso específico expressa pelo Esporte e outras formas de comportamento e convívio social.

Antes do boxe como desporto havia lutas e competições entre vilas e cidades, algumas até parecidas com o boxe moderno, o que não havia eram regras uniformes, nem *fair play*. Um competidor podia terminar a luta sem um olho, arrebentado, quebrado até a morte. Com as regras esportivas ele ganhou segurança de que isso não mais aconteceria. Em outras competições esportivas e jogos também, todas foram ganhando padrões de equivalência até os esportes atuais. Foi um aprendizado que se transpôs para a contenda política e parlamentar. O que se propõe para a Cultura do Encontro sob sociedades em polarização é a redescoberta de que a convivência é possível, apesar das diferenças e com as diferenças.

Nesse exercício civilizatório a partir do Esporte e da Cultura, sendo espraiado devagar ainda levará muito tempo para que resulte em salto nos padrões de convivência. Por isso cabe começar já. Até que seja encontrada a unidade de sentido do povo, como Unidade Popular. Unidade não é palavra vazia, menos ainda quando associada a povo. Povo contraditório, atravessado por preconceitos e ambiguidades. Povo moldado por explorações e injustiças, disciplinado pelo poder a controlar a vida, dominado pelas ignorâncias e privações. Ainda assim, povo. Há que saber falar com ele. Estender a mão, se encontrar. Sem isso jamais se estabelecerá uma nova hegemonia de pensamento e práticas, o novo, bom, belo e justo, jamais virão. Prevalecerão os monstros. E o próprio povo será transformado no monstro das multidões ensandecidas.

É chegado o momento de prover a cultura política de um novo vocabulário que oriente o povo, ou ao menos o auxilie em seu processo de esclarecimento. O objetivo de uma nova cultura política é impedir que o povo seja também expropriado do senso de realidade e ética. Até isso o poder dominante nos quer roubar. E rouba. Esse roubo é estratégico para que o domínio dos exploradores de sempre se perpetue. Na fase atual eles lançam mão do populismo de direita, da manipulação dos afetos e extremismos via falsas e simplistas soluções. Soluções que nada solucionam, só agravam desmandos, injustiças e iniquidades. Cabe orientar demandas em sentidos mais solidários, democráticos, igualitários e de libertação. Isso depende de novas práticas e de uma nova cultura política.

A arte do encontro está em auxiliar as pessoas a atinarem sobre a origem dos problemas que as aflige. Quando isso acontecer será constituído um novo bloco histórico. Por isso a depuração dos sensos e sentidos, a compreensão da realidade e capacidade de interpretação narrativa são tão estratégicos. E a unidade. Unidade nos vínculos, nas práticas, na ética, na estética. Unidade que é diversa. Nas palavras de Paulo Freire: a *Unidade na Diversidade.* Um modo de construção do povo a partir da lógica da diferença e do senso de solidariedade. Cultura do Encontro como meio. Nova cultura política como fim e começo de uma nova era.

Grão 18 – A Unidade

Unidade deve ser procurada permanentemente, mas só acontece em configurações de longo prazo, pela repetição e exemplo. A busca pelo Mínimo Denominador Comum (conceito matemático, como é o conceito de Ponto de Cultura). Entre faixas etárias, quando aproximamos pessoas mais velhas com jovens e crianças o resultado é fenomenal; a Ação Griô[33] demonstrou muito bem o que de bom e belo surge desse encontro. Quando diretor de lazer em São Paulo, em um programa para capacitação de jovens em programas sociais, decidimos juntar esses com adultos com idade superior a 45 anos e em situação de desemprego de longa duração, 4 mil jovens e 1,5 mil adultos do programa Começar de Novo. Foram seis meses de aprendizagem e trabalho comunitário comum[34]. Unir movimento negro com indígena, camponeses, operários, estudantes. Tenham o fenótipo que for. Isso não importa, é preciso unir os *"de abaixo"*, conforme Fred Hampton percebeu ao criar a Coalisão Arco-Íris. Dividir e segregar é o que os que mandam e exploram têm feito ao longo da história. Assim se perpetuam, se asseguram no poder seguindo com a exploração e acumulação, dividindo os explorados. É preciso unir. Sem unidade o mundo irá sucumbir sob o colapso climático e civilizatório. É preciso unir!

A Unidade. Não a unidade forçada, imposta, mas a unidade construída em meio à diversidade, sob exercícios de consenso progressivo levando à convivência e paz. Os diferentes colocados lado a lado para se perceberem iguais na diferença. Identidade "E" diversidade. Juntas, em complementariedade. Jamais uma coisa ou outra, isso ou aquilo. É isso "e" aquilo, uma coisa "e" outra para que sejamos iguais e diferentes ao mesmo tempo. Só assim será alcançada a unidade verdadeira. A identidade desprovida do complemento com outras formas de identidade resulta em fundamentalismo e atrofia, necrosa.

Sempre apresento o conceito de Ponto de Cultura/Cultura Viva em conjunto por conta disso. Um Ponto de Cultura só se realiza em rede com outros Pontos. Quanto mais diversos forem os Pontos, melhor. Sem que um ponto se ligue a outro não há linha, sem linha não há ideia, sem ideia não há ação. Desde o nascedouro, quando eu fiz a primeira formulação dessa política pública em 2004, Ponto de Cultura/Cultura Viva é apresentado como a expressão dessa complementariedade. Diversidade só é completa quando complementar a outras identidades. Uma diversidade está associada a outra, vejam as florestas diversas como a Mata Atlântica. Assim se exercita a alteridade.

Ponto é matemática, Cultura Viva é biologia[35]. Se complementam e se potencializam. Em uma cidade no Rio Grande do Sul, São Lourenço do Sul, às margens da Lagoa dos Patos, logo no início do programa, reconhecemos e apoiamos dois Pontos de Cultura ao mesmo tempo. A cidade é pequena, a princípio, quando o programa estava a começar, só caberia um Ponto, mas se assim acontecesse teríamos cometido um grande erro. A proposta de Ponto era um de quilombolas e para quilombolas, e outro de pomeranos para pomeranos. Cada qual com sua especificidade, culturas aparentemente distintas; uma de escravizados que se rebelaram e foram viver em quilombo, outra de imigrantes germânicos (é o que imaginavam). Ambos diaspóricos. Se aproximando como Ponto de Cultura descobriram que a história deles não era tão diferente. Pomeranos não são germânicos de origem, são um povo eslavo germanizado. Eslavo é a origem para a palavra escravo ("aquele que vem do Leste", do latim *sclavus*, ou do grego *sklábos*), eram os povos escravizados por gregos, romanos e bizantinos. Descobrindo origem comum, a despeito da epiderme, formaram o Coral AfroPomerano. De nada valeria ter havido um só Ponto naquela cidade. Não teria acontecido o encontro nem a descoberta, muito menos prática comum. Era preciso haver dois para se perceberem um.

A unidade não anula, não descarta nem despreza o contrário e o diferente, jamais o vê como antípoda daquele que não é idêntico, nem como apêndice ou acessório. Unidade é ser igual e diferente ao mesmo tempo. É a síntese dos contrários. Unidade é o objetivo da dialética. Uma espiral pode começar em qualquer ponto e nunca termina, sendo maior a cada volta, a unidade é o giro, o movimento. Não tem começo nem fim.

Tal qual o movimento em espiral, o movimento pela unidade é uma luta contínua e ainda irá gerar o movimento da esperança na circularidade dos afetos compartidos. Que venha logo, pela unidade será moldada a Internacional da Esperança, um movimento que se faz em espiral.

A Unidade. Nada é mais importante que isso nos tempos atuais. Quando encontrada é um alento da dignidade, "...uma flor sim, a flor da esperança. Um canto sim, o canto da vida."[36], conforme o eco da selva Lancadona, em Chiapas.

A vida perde força quando perde o sentido de unidade. Enquanto o mundo dos Sistemas Históricos (Mercado, Estado e demais instituições de poder) ganha força ao estabelecer um único e concentrado mediador para suas relações (para o Mercado, dinheiro; para Estado, poder; para Instituições religiosas, a manipulação da fé; para forças militares, a violência bruta; ...), o Mundo da Vida foi sendo fragmentado, dividido, separado. Até sucumbir a esses poderes aparentemente tão fortes e coesos. Estamos nesse estágio de desestruturação civilizatória. Só a Unidade poderá parir um novo regulador suficientemente eficaz para enfrentar a força das coisas e recolocar os povos no caminho da esperança.

A Unidade do encontro.

A Unidade do sentido.

A Unidade da beleza.

A Unidade da força e da solidariedade a afirmar que somos todos irmãos.

Chega de ódio e separação entre os explorados, ofendidos e humilhados. Só uma coisa nos falta, a Unidade. Todo resto virá por si. É preciso dizê-lo a todos: a Cultura do Encontro chega para auxiliar a humanidade a descobrir a Unidade!

Com a Cultura do Encontro iremos acender uma luz no coração e uma nova forma de oração.

Saravá!

Grão 19 – Biopotência x Necropolítica

A Potência da Vida como contraposição ao controle social dos corpos e à política da morte, a Necropolítica. Cultura Viva não foi uma escolha de marca, um nome bonito apenas; desde a formulação inicial Biopotência é conceito-chave para a consciência da filosofia da Cultura Viva e do que é um Ponto de Cultura. Por isso Cultura Viva. Sem Biopotência um Ponto de Cultura não se realiza em plenitude. Há muitos que não alcançaram essa dimensão, registro. Seja por ainda estarem disciplinados pela lógica da dependência ou por estarem absorvidos pela falta de tempo para a compreensão e prática plena. Ainda assim, tantos desabrocharam em plena potência, parte desses eu já relatei em livros e textos anteriores, sendo desnecessário repetir nesse texto.

Passados vinte anos, a ideia de que comunidades em situação de vulnerabilidade social não são carentes e sim potentes, está melhor absorvida. Mas quando eu lancei o conceito, afora a Medicina Preventiva e os Agentes Comunitários de Saúde, e Mutirões para construção de moradia, sobretudo durante a gestão da prefeita Luiza Erundina em São Paulo, nenhuma outra política pública trabalhava na perspectiva da potência comunitária como força motriz para as transformações locais. Sempre a lógica foi inversa. Até os dias atuais, ainda mais quando em políticas públicas desenhadas pela influência de organismos internacionais, olha-se às comunidades como carentes, desprovidas de meios e capacidades para solucionar seus problemas. Com isso as soluções apresentadas são sempre "de fora" para "dentro", numa replicação da lógica colonial, reforçando processos de dependência e perda de soberania, mesmo quando bem intencionados e, em primeiro olhar, bem executados. Sem soberania e autonomia não há sustentabilidade nas ações, o Biopoder se impõe e abre caminho para a Necropolítica.

Parêntese para uma observação sobre três conceitos diferentes. Biopotência difere do conceito de Biopoder, conforme cunhado por Michel Foucault[37] como uma forma de governar a vida. O Biopoder expressa o poder exercido sobre a vida dos indivíduos, comunidades e sociedades, regulando e controlando seus processos, corpos e desejos, gerando disciplina social e padrões de comportamento submisso. A Biopotência, tal qual apresento como conceito diferenciado, é a força e a capacidade de criar e agir a partir dos processos de vida. Biopotência é o contrapoder dos *de abaixo* que se erguem contra o Biopoder; sintetizo com um verso de Drummond, que, vira e mexe repito em minhas falas e textos: "São tão fortes as coisas / mas eu não sou as coisas / e me revolto". Quanto à Necropolítica[38] adoto o conceito de Achile Mbembe, o filósofo camaronês, que percebeu o poder da morte reconfigurando as "relações entre resistência, sacrifício e terror". Enquanto a Biopolítica se concentra na disciplinarização dos processos de gestão da vida, a Necropolítica se concentra na governação através da morte, na capacidade de determinados atores políticos determinarem quem é considerado "matável". É um estágio avançado do Biopoder, o estágio do extermínio. Esse estágio se exerce de diferentes formas: injustiça, descaso e desamparo, violência estrutural sobre corpos, exclusões e marginalização, até a violência direta, genocídios e conflitos armados. É onde entra a Biopotência como a força vital que se contrapõe a esses processos de domínio e regulação da vida e da morte. Biopoder como disciplinador e controlador dos processos de vida. Necropolítica como a capacidade de decidir quem vive e quem morre. Biopotência como a capacidade de resgatar a esperança, força e coragem para enfrentar esses poderes que se pretendem absolutos. Fecho parêntese.

Convivência e paz é aceitar as diferenças e ter a capacidade de escutar, respeitar, reconhecer e apreciar os demais, saber viver de forma pacífica e unida. Conviver em paz, com paz. Quem, a princípio, seria contra? A despeito da profundidade e necessidade do conceito e objetivo, poucos o praticam. Brada-se por segurança pública exigindo mais violência, controle e punição. Até mais armas para que a população se defenda e possa viver em paz, como se fosse possível. O resultado é sempre inverso, com mais violência, mais inseguridade, mais injustiça e controle social. Até que as pessoas vão se matando por briga de trânsito, passeio com cachorro de estimação, quando alguém reclama das fezes não recolhidas ou do fato de o cão estar sem coleira, brigas terminam em tiroteio, ou disputas entre senhorio e inquilino, entre vizinhos. Tudo resvalando em brigas vulgares e banais. E mais violência. Ainda assim, sob o clamor por mais paz e segurança.

Sob qual sociedade desejamos de fato viver?

Desejamos sociedades pacíficas, com igualdade, justiça, liberdade e fraternidade, ou preferimos seguir sob o império da violência e do medo, em meio à exclusão, injustiças, ambições desmedidas e egoísmos? Guerra ou paz?

De nada adianta pedir paz praticando guerra social. Há que mudar a cultura política e a compreensão sobre as raízes da violência cotidiana e social. Se não houver uma modificação profunda no comportamento social, alterando padrões que se repetem infinitamente, não haverá segurança. A propósito, o oposto de insegurança social não é mais segurança, é convivência. É onde entram as políticas para Justiça e Segurança Pública. Sociedades injustas e iníquas são mais inseguras e violentas porque a ordem social revela-se incapaz em assegurar Justiça. Sociedades sob o domínio de forças policiais e militares dominadas pela inépcia e a corrupção jamais alcançarão a paz e a segurança. Sistema de Justiça (Judiciário e Ministério Público) e de Segurança Pública (Forças Policiais – Civil e Militar) e Forças Armadas estão intrinsecamente vinculadas. Sem a adequada compreensão sobre as causas, a raiz dos problemas de segurança pública, sobretudo na América Latina, não haverá segurança pública.

Infelizmente as forças do chamado campo progressista ou de esquerda, ao longo de décadas, têm se revelado incapazes ou ineficientes no trato da questão. Por outro lado, as forças reacionárias e o populismo de direita, sob a proposição de saídas fáceis e ineficazes, tem produzido mais terror, insegurança, corrupção e violência social, a despeito de angariarem votos com sua inépcia e cumplicidade com o crime. Não há mais tempo, é preciso enfrentar o problema com coragem e eficácia, antes que as sociedades latino-americanas sucumbam em mais violência e terror.

Não cabe tergiversar, e essa é uma decisão de natureza cultural. Em minhas mais de 50 viagens pela América Latina, desde quando deixei de estar em governo, a partir de 2010, pude observar muitas soluções de conflitos em que a cultura teve papel preponderante e escrevi sobre essas soluções. No próximo Grão farei um pequeno resumo do que me parece mais relevante a ser observado na relação entre cultura e violência a partir da América Latina.

Grão 20 – Segurança Pública: grãos colhidos pela América Latina

Começo por Medellín[39]. Conheço praticamente todos os países da América Latina com razoável imersão e profundidade, entre os muitos povos, aquele que me parece mais parecido com o brasileiro é o colombiano, nas virtudes, vicissitudes e vícios. Por isso começo por lá. Mas a problemática, elementos de solução e inovações podem servir de exemplo para muitas cidades, não só brasileiras e latino-americanas. Vamos observar nossos vizinhos, será como olhar no espelho para ver quem somos e quem podemos ser.

Em 2013, Medellín recebeu o título de cidade mais inovadora do mundo ganhando prêmio do *Urban Land Institute* e *The Wall Street Journal* que teve por finalistas as cidades de Nova York e Tel Aviv; o diferencial foi a capacidade no estabelecimento de parcerias entre Poder Público, Organizações da Sociedade Civil e Empresas, gerando um ambiente de empreendedorismo social e criatividade. Em 2016, novo prêmio, *Lee Kuan Yew World City*, o equivalente ao Nobel do Urbanismo, desbancando as cidades de Auckland, Sidney, Viena e Toronto. Qual a razão?

Personagens protagonistas muito semelhantes aos que encontramos pelas esquinas desse nosso vasto continente chamado América Latina. Medellín tem sido um grande laboratório no combate à violência através do fortalecimento da Cultura Cidadã. O principal e mais bem sucedido caso entre as grandes cidades do mundo. Sem mobilização comunitária não teria havido a inovação conquistada. A primeira vez que estive na cidade, em 2011, fui recebido ainda como autoridade pois havia deixado o governo federal há pouco e eles queriam conhecer a filosofia e experiência da Cultura Viva e dos Pontos de Cultura no Brasil, cuja referência já havia chegado por lá. Jorge Melguizo, hoje querido amigo, à época secretário de desenvolvimento social, antes disso, secretário de cultura, levou-me a conhecer a cidade.

Primeiro equipamento público: banheiros públicos de Medellín.

Alguém levaria uma autoridade estrangeira para visitar os banheiros públicos em sua cidade? Perguntem-se. Da resposta saberemos se a cidade trata com respeito aos seus cidadãos, ou não. O que havia nos banheiros públicos de Medellín a ponto de virarem atração turística? Eram limpos, higienizados, bem arrumados, com água e papel higiênico, mosaicos dentro e fora, flores, uma água caindo em pequena cascata para refrescar o ambiente. Nada luxuoso, nada demais; ou melhor, tudo a mais.

Tratar a população com respeito e dignidade é o mínimo que se espera de um bom governo. Não em um dia de festividade, não como vitrine, mas como ação cotidiana. Posso assegurar, por iniciativa própria em diversas outras viagens inspecionei banheiros públicos de Medellín, sempre com manutenção impecável[40]. Ação tão cotidiana a ponto de tornar-se imperceptível. Tratar bem a população, com respeito e dignidade, é a base para toda política de segurança pública.

O governo de Medellín não resolveu a questão da violência urbana somente com banheiros públicos limpos e bonitos. Também houve as Bibliotecas-Parque nas favelas e comunas; Centros Culturais Comunitários, um deles onde antes havia um lixão, em Morávia; transporte público integrado, metrô, ônibus, teleférico e escada rolante para acesso às comunas nos morros; urbanização criativa das favelas, incluindo embelezamento e obras de arte no acesso, passeio público, boas calçadas nas favelas e ruas; limpeza urbana; escolas públicas de qualidade, cada uma oferecida a um arquiteto da cidade, para que desenhasse funcionalidade e beleza como presente aos moradores, principalmente aos estudantes; Plano Urbanístico Integrado[41]; Bons Centros Sociais e de Saúde nas favelas e bairros (nada demais, apenas algo que funciona, com paredes limpas e atendimento ágil, como deveriam ser todos os atendimentos públicos); Feira Internacional do Livro, de Poesia...

Também não se enfrentou a violência na antes mais violenta cidade do mundo somente com Cultura e bom urbanismo. Desde o início eles tinham muito claro que não se faz política de segurança sem polícia, mas não se faz política de segurança tão somente com polícia. Antes disso, Medellín foi mundialmente conhecida por sediar o poderoso cartel liderado por Pablo Escobar. Em 1991 houve 6.700 homicídios no ano, isso em uma cidade com 2 milhões de habitantes, dezenas de assassinatos por dia, 382[42] homicídios para cada 100 mil habitantes. Afora cidades em situação de guerra, em nenhuma outra houve tamanho morticínio no período de um ano. Haviam chegado ao fundo do poço e tudo estava imbricado pela cultura do narcotráfico, havia até fundo de investimentos, aberto a pessoas de classe média e trabalhadores, que não se envolviam diretamente na atividade, mas que, ao aplicar o dinheiro de suas economias recebiam rentáveis dividendos. Sim. Era um vulcão em erupção contínua. Cabia ao povo da cidade decidir se continuariam sentados sobre aquele vulcão. Decidiram que não mais. O começo de tudo para a superação do estado de violência foi a decisão. Uma questão de Cultura, não de polícia.

Pela situação insustentável, o governo da Colômbia criou uma Secretaria Especial só para tratar da violência urbana em Medellín. Novo ensinamento: em situações extremas é necessária uma ação integrada dos poderes da república. União, estados e municípios precisam atuar em conjunto, ninguém pode "lavar as mãos". Assim como o Judiciário, Forças Armadas, polícias, sociedade, empresas, organizações comunitárias. Não cabe transferir responsabilidade.

Segurança e paz precisam ser encaradas enquanto valor universal, toda a sociedade tem que se sentir em paz e segura, dos mais pobres aos mais ricos, por igual. Do contrário a vida social é corroída em suas entranhas. Segurança é convívio, igualdade, beleza e respeito.

Ensinamentos do Laboratório Medellín:

a. A vida é valor máximo, nada justifica o desprezo à vida de quem quer que seja, não há uma só ideia, nem propósito que valha mais que a vida de outrem;
b. O melhor para os mais pobres. Equipamentos públicos de qualidade e tratamento com respeito e dignidade em todas as ações, inclusive as policiais;
c. Ética e Estética para acabar com o ciclo de exclusão social;
d. Toda arquitetura tem que ser pedagógica e toda engenharia, social;
e. Orçamento público é sagrado;

f. Planejamento sem improviso e realizar o que tem que ser feito, sem se preocupar com a popularidade momentânea;
g. Transformação para a cidadania, não para o consumismo;
h. O cidadão trata o Estado como ele é tratado pelo Estado;
i. Conhecer a geografia física, humana e social antes de toda intervenção urbana;
j. Desigualdade gera violência, pobreza não;
k. Governos tem que construir pontes, não viadutos;
l. Poder local, prefeituras como protagonistas da mudança (acrescento: Poder Popular como protagonista das mudanças);
m. Educação e cultura como ferramentas para a transformação;
n. Segurança como direito universal, não é de direita, centro ou esquerda;
o. Nos territórios vulneráveis toda população é prioritária e as crianças em primeiro lugar;
p. Duas palavras chave para uma boa gestão pública: CONFIANÇA e ESPERANÇA.[43]

A Unidade de Medellín tem como marco a eleição de um partido-movimento municipal, o Compromisso Cidadão[44], em 2004, resultado de uma grande mobilização das energias sociais da cidade, de movimentos comunitários a empresariais, de artistas a gestores públicos, de muita gente; descrevo esse processo com detalhes em capítulo de meu livro e não vou me alongar. O fato é que em 20 anos, do auge da violência até 2014/15, a taxa de homicídios foi reduzida em 95%, estabilizando-se em 19 assassinatos por 100 mil, havendo sido reduzida para 15 por 100 mil em 2021. É a mais sustentável redução de índice de violência no mundo e a Cultura e o Urbanismo social tiveram papel preponderante nesse processo.

No lugar de mirarmos Nova York, Europa ou Ásia, que tal olharmos para nossos vizinhos e aprendermos com eles?

Segunda parte.

O exemplo de El Salvador. O que pode acontecer quando governos centrais não dão conta da Segurança Pública?

Eu estive muitas vezes no Triângulo Norte da América Central (Guatemala, Honduras e El Salvador) e pude acompanhar a degradação social resultante da violência social não contida. Particularmente me é muito dolorido constatar as regressões em El Salvador, país que já foi um raio de esperança após o martírio de um povo sob a guerra civil nos anos 1980. A despeito das belíssimas e eficazes ações culturais comunitárias que presenciei, como em Guatemala, com o *Caja Lúdica, Caracoles de Jade* em Belize e em El Salvador, com o TNT (*Tiempos Nuevos Teatro)*[45], elas não tiveram força, sobretudo em El Salvador, para irem além dos efeitos positivos em suas comunidades.

Na segunda década do século XXI esses países chegaram a alcançar índices próximos ou superiores a 100 homicídios por 100 mil habitantes, tornando a região a de mais elevados índices de violência urbana no mundo. Em uma viagem entre Honduras e Guatemala vi cadáveres na estrada, nosso ônibus, assim como todos os demais ônibus e caminhões, só podia viajar em comboio, escoltado por dois automóveis com segurança privada exibindo suas escopetas na tentativa de dissuadir eventuais ataques. Pelas ruas da Cidade da Guatemala ou San Salvador, todo comércio médio e restaurantes eram obrigados a contratar segurança com homens armados, portando armamento de alto calibre; o pequeno comercio, mesmo durante o dia, só funcionava gradeado, atendendo os compradores na rua. Na terra dos vulcões, o vulcão da violência estava em erupção permanente.

A leniência com as *"Maras"* levou esses países a profundos retrocessos e dificuldades, incluindo forte onda migratória aos Estados Unidos, por conta da violência e contínua crise econômica. *"Maras"* são gangues que tiveram origem nos Estados

Unidos, sobretudo na California, formadas por imigrantes da América Central, é uma redução da palavra *Marabundo*, um tipo de formiga que ataca em grande quantidade, cuja picada causa extrema dor. Há 20 anos o governo estadunidense tem deportando integrantes das Maras aos países de origem, de forma completamente ilegal, porque os crimes foram cometidos nos EUA. Simplesmente colocam as pessoas, principalmente jovens, em aviões e os despejavam em algum país na América Central, mesmo não sendo os de origem familiar desses jovens, muitos deles nascidos em território norte-americano nos EUA, mal falando espanhol ou se expressando com sotaque das ruas de Los Angeles e outras. Esse despejo de dezenas de milhares de pessoas, presas por crimes variados ou pelo simples fato de serem imigrantes não documentados[46], foi fatal para o esgarçamento da vida social nesses países.

Países que vieram de Guerras Civis atrozes. Até bomba de napalm, fornecidas pelos EUA, foram jogadas em florestas de El Salvador, secando regiões inteiras até os dias atuais. Na Guatemala a CIA realizou um dos mais tétricos experimentos para a formação de soldados como máquinas de matar, os Kaibiles, genocidas com uniforme militar[47]. Aldeias inteiras foram massacradas, mães assassinadas na frente dos filhos, crianças atiradas ao alto para serem mortas a baioneta ou tiro de fuzil, casas incendiadas com famílias dentro. A bestificação da violência em estágio inimaginável, tudo documentado posteriormente pelas Comissões de Verdade e Justiça. Mal saídos dessa situação e sob profunda crise econômica (um terço do PIB de El Salvador, por exemplo, depende da remessa de dólares da parte de imigrantes), se depararam com a violência extrema das *"Maras"*. Por não conseguirem se integrar nos países para onde eram deportados, os jovens fortaleceram ainda mais os vínculos nas gangues, vivendo de extorsão, narcotráfico e violência de rua.

Eu conheci muitas histórias e jovens oriundos dessa situação. Mariela Aguirres, jovem que na adolescência integrou a *Mara Salvatrucha* (vagabundo, em gíria da rua). Hoje é uma grande liderança cultural junto à *Caja Lúdica*, na Guatemala, realizando trabalho de excepcional beleza e comprometimento com a comunidade[48]. Porém, só a cultura stricto sensu não bastou para conter essas gangues. Também conheci outro jovem, de origem diferente, filho de rico comerciante de origem palestina que havia colaborado com a guerrilha da FMLN[49] em El Salvador, Nayib Bukele, atualmente presidente de El Salvador. Ele me entrevistou para um programa de TV e internet e à época foi apresentado como promessa jovem da FMLN, o partido da guerrilha de esquerda.

Escolho esses dois jovens com idade semelhante, com origem e processos formativos distintos, para exemplificar meu ponto de vista. Mariela vinda da cidade-dormitório *El Quetzal*, a 35 quilômetros da Cidade da Guatemala, se aproximou da *Caja Ludica* a partir do chamado de um casal colombiano de Medelín, Júlia Holguin e Doryan Bedoya[50] que foram viver no país e realizaram experiências de trabalhos culturais em comunidade conforme aprenderam na Colômbia, enriquecidas com a cultura Maia. Em trabalho profundo e amoroso, de anos, Mariela foi transformada pelas artes, a lúdica e a cultura. Na última vez que nos encontramos ela era a presidente do *Caja Lúdica,* sendo responsável pela capacitação de seis mil professores e agentes comunitários de animação cultural no país, entre outras ações.

Bukele, jovem esperto e descolado, cheio de trejeitos de influenciadores em redes digitais; quando o conheci era o mais representativo da geração youtuber/tuiteiros no país. Bastante engomadinho[51], com muitas frases de efeito, muitas fotos e poses instagramáveis. Comportamento muito semelhante da geração de *influencers*, seja em qualquer país. Muitos seguidores, curtidas, interações. Diziam que ele furaria a "bolha" dialogando com o público jovem. Furou. E transformou a FMLN em cinza vulcânica. Tenho esperança de que a semente desse povo martirizado sob a guerra civil dos anos 1980, mesmo em dormência, ainda germinará de novo, assim espero.

Cuzcatlán, terra de preciosidades, em idioma *nãhatl,* como a atual El Salvador era chamada pelo povo Maia. Quando conheci o jovem Bukele, em 2013, me pareceu temerário transferir tanto poder e destaque a um jovem por conta de representatividade/popularidade tão fugaz. Infelizmente minha previsão estava certa e o resultado foi muito pior do que eu imaginei. Não houve ação formativa, não houve passo a passo, experimentação. De imediato foi tornado prefeito em uma cidade pequena, na qual nem tinha vínculos, para em seguida ser lançado a prefeito da capital do país e vencer a eleição. Tudo muito acelerado, artificial e superficial, bem ao gosto das redes sociais. Conversando com amigos de El Salvador, comentei meu desconforto com o vazio e superficialidade, disse que o projeto não daria certo. Perguntei a razão de não lançarem uma ex-guerrilheira e deputada (Lorena Peña), quadro da melhor qualidade, compromisso e capacidade, para prefeita da Capital. Vários concordaram comigo, mas, resignados, disseram que era a orientação da direção do Partido. Atualmente Bukele é ícone da direita populista mundial, "o ditador mais cool do planeta", nas palavras dele.

Em El Salvador houve muita impotência com a violência urbana e o povo estava cansado demais. Ensinamento que extraio de minhas viagens pelo país: governos jamais podem ser condescendentes com a violência cotidiana. O povo pobre é o que mais sofre. Uma situação cotidiana pelas periferias da América Latina, seja na América Central, no Brasil ou em outro país. Imaginem uma mãe que tem que negociar com narcotraficantes, muitos com a idade dos filhos adolescentes dela, para que uma biqueira (ponto de venda de drogas) não seja instalada na frente de sua casa. Ou uma avó aflita porque os netos atravessam a madrugada em pancadões em meio a músicas misóginas, incitação à violência, bebidas alcóolicas e drogas correndo soltas, e soldados do tráfico exibindo suas armas; tudo por um triz. Imaginem. Pais atormentados por não conseguirem dormir, sabendo que em poucas horas, ainda na madrugada, terão que enfrentar transporte público ruim, maus-tratos e desrespeitos em empregos de baixa remuneração. Quase toda madrugada, certamente em todos os finais de semana. Netos e filhos expostos a incertezas e insegurança, mesmo quando em festa. O medo da noite, o medo das ruas, de um olhar atravessado, da polícia, de balas perdidas, brigas banais. Imaginem. Anos a fio.

É possível compreender as razões de ambientes como os relatados acima. Mas não se pode ser permissivo. Uma coisa é o debate acadêmico-político, outra é a realidade tal qual acontece e é experimentada no cotidiano da população. Um projeto civilizatório para que seja de fato transformador e emancipador, precisa ser compassivo com a realidade tal qual vivida pela população. Há que respeitar o próximo, sempre. Só assim viveremos em sociedades pacíficas e seguras. Do contrário sucumbiremos na barbárie da extrema direita, que prega o combate ao crime matraqueando crime, a ordem exercitando a desordem, a paz realizando a guerra. Porém, na ausência de um enfrentamento efetivo da parte das forças civilizatórias comprometidas com igualdade, justiça e equidade, prevalece a tagarelice atabulada da extrema direita. É o que ocorreu em El Salvador[52], e o Equador[53] segue no mesmo caminho. Antes que imponham crime em nome do combate ao crime é preciso mudar o enfoque e a atenção quanto à justa demanda por segurança e não violência nas comunidades.

Viver sob sociedade violentas ou pacíficas depende de uma conjunção de fatores. Não há solução fácil. Assim como não há solução sustentável se a Cultura, sobretudo o comportamento social, não for modificado. Assenhorando-se da Cultura as pessoas podem discernir melhor sobre os caminhos que pretendem para suas sociedades. Isso tem que vir combinado com ações efetivas das instituições de Estado. É necessário eficácia na segurança pública e justiça, mas sob o império do terror o mundo sucumbirá em sociedades mais violentas e doentes. Uma coisa é certa, se as mudanças não ocorrem tempestivamente e com eficácia e sustentabilidade, o terror advirá, conforme escancarado no exemplo de El Salvador.

Populações em desespero são presa fácil para soluções simplistas, violências, demagogias e falsificações. Quando governos que deveriam ser de esperança se rendem ao fazer de sempre, governam sem eficácia e eficiência, negligenciando os reclamos e necessidades mais sentidas do povo, abre-se caminho para regressões civilizatórias. O povo não pode viver em uma eterna espera, sob a promessa de um bom futuro que nunca chega. Quando é assim algum aventureiro espertalhão chega e transforma tudo em horror. Por que isso acontece? Porque aqueles que recebem a vontade delegada do povo não se colocam à altura dos desafios para os quais receberam a confiança. É o ensinamento que pude extrair dessa terra que tem "el cielo como sombrero"[54].

Grão 21 – Instituições de Estado, os aparatos de Justiça, Forças Armadas e Polícia

Enquanto a Justiça tarda a injustiça talha a sociedade sob o seu formão. Justiça que tem cor, classe e lado é corrupta e parcial, não cumpre o papel de assegurar paz social, por mais que se apresente amparada em normas, ritos e leis. Instituições de Estado, quando voltadas para dentro e para os seus, no lugar de servir se servem, sequestrando a soberania popular. Há muitos, em todas as instituições, que honram suas funções, faço logo a ressalva. Mas nesse Grão concentro-me em três grandes absurdos que corroem as Instituições de Estado, absurdos que atentam contra a razão, que ultrapassa todas as leis da lógica, mas que, no entanto, são naturalizados e percebidos como corretos. Não são corretos, muito menos "normais", devendo serem tratados pelo que são: grotescos absurdos.

Primeiro absurdo. O Sistema de Justiça brasileiro é o mais custoso do mundo na relação com o PIB (por coincidência, semelhante a El Salvador), consumindo 1,6% de todas as riquezas produzidas no país ao longo de um ano. Nos demais países da OCDE[55] e mesmo em grandes nações da América Latina, como Argentina, México e Colômbia, esse custo oscila entre 0,4% e 0,5%. Houvesse uma lei que definisse teto de 1% para o Sistema de Justiça Brasileiro (MP incluso), ainda assim o Brasil seria, entre as grandes nações, recordista mundial em despesa com o Judiciário. Mas nesse caso haveria uma economia anual de R$ 50 bilhões (US$ 10 bilhões), meio trilhão (meio trilhão!) de reais em dez anos. Não é um absurdo, é um hiperabsurdo. Que vivam com bom salário, conforto e segurança, mas sem afrontar, tal como o Sistema de Justiça brasileiro se apropria do dinheiro público, é farsesco e caricaturesco, um despautério que, com sua absurdeza, descredibiliza a própria justiça.

Não importa se a imoralidade remuneratória é justificada por algum subterfúgio pseudolegal via autoconcessão de benefícios e aumentos cruzados. É imoral. É iniquo e fonte geradora de sensação de injustiça. Assim como o fato de punição máxima para um agente de Justiça que vende sentença, engaveta processos, rouba ou mata, ser a aposentadoria compulsória. É vergonhoso. Honrados agentes da Justiça certamente devem sentir essa vergonha. No entanto, nada se faz. Mais importante que o dinheiro que esvai indevidamente seria a diminuição da sensação de que se vive sob uma Justiça que se serve do povo e não serve o povo. Agentes de Justiça devem ser exemplo e espelho de vida proba.

Quando falta Justiça prevalece a violência. Queremos combater a violência e assegurar segurança pública para todos? Comecemos pela moralização dos custos do Sistema de Justiça. E exigindo eficiência e eficácia na resolução de conflitos. É descabido um processo judicial dormitar décadas em escaninhos empoeirados, sem qualquer movimentação. O estratosférico custo do Sistema de Justiça brasileiro é um acinte, assim como sua ineficácia. Defender uma consistente redução da violência e maior segurança pública tem por premissa mexer nesse vespeiro. É uma decisão cultural e política. Cabe à sociedade acabar com esse descolamento abissal do Sistema de Justiça em relação às suas responsabilidades.

Segundo absurdo. Forças Armadas tem um nobre papel. No futuro, em um mundo evoluído, não deveriam existir, mas enquanto houver imperialismo e desejo de conquista de países sobre outros cabe a existência de Forças Armadas para a defesa de uma nação. Compete às Forças Armadas a defesa contra inimigos externos e controle das fronteiras. As Forças Armadas cumprem esse dever a contento? Pela quantidade de aviões que atravessam ilegalmente as fronteiras com carregamentos de drogas, armamento ilegal e contrabando de ouro e outras riquezas, não. Deveriam ser detectados, pois desde o século passado o país conta com sistema de radar e controle do espaço aéreo. Porém, o total de detecção e interceptação dessas invasões do espaço aéreo é ínfima. Com tamanho grau de ineficiência algo está absurdamente, escancaradamente, errado. Nem controle estatístico para acompanhamento de invasão do espaço aéreo e fronteiras territoriais e marítimas existe (ao menos procurei e não encontrei).

O patriotismo é tornado caricatura ante o desprezo no descumprimento do dever de servir à pátria. Incitação a golpes de Estado, badernas e atentados terroristas também não são condutas dignas. Essa discrepância pelo que se marcha e o que se defende também gera violência, alimenta o tráfico de drogas, milícias, quadrilhas e bandoleiros. Impõe sensação de desamparo e insegurança ao povo.

O narcotráfico na América do Sul é resultado das ditaduras militares no Cone Sul. Para financiar atividades clandestinas de tortura e morte essas ditaduras passaram a traficar drogas. Há ampla documentação sobre os laboratórios de cocaína dentro de quarteis sob a ditadura de Pinochet, quando drogas eram enviadas à Europa e Estados Unidos via malas diplomáticas. Esquadrão da Morte e Scuderie LeCoq, criadas durante a ditadura brasileira, foram o embrião do crime organizado no país, que perdura até hoje. Essa gênese do crime organizado enraizou-se nos aparatos de repressão do Estado. O controle de armas, que deveria ser do Exército, praticamente inexiste, havendo descarada transação entre armas legais e as de uso por criminosos. São algumas das heranças malditas do ciclo militar na América do Sul.

O crime se organizou, ganhou aparato, escala e estrutura. Falar de combate à violência e política de segurança pressupõe enfrentar essa questão com coragem. Assim como o tratamento de Casta conferido aos militares, com uma profusão de cargos no oficialato. Há mais generais no Brasil que no exército dos EUA, pensões vitalícias para filhas de militares e gasto militar comprometendo 84% do total com folha de pagamento[56]. Isso retira recursos para investimentos em tecnologia e custeio. A questão militar é questão de Segurança Pública. Haverá disposição para enfrentar o problema?

Enfrentar a violência pressupõe reformar a formação militar. Forças Armadas patrióticas amam o seu povo, jamais considerando-o inimigo interno. Essa doutrina, imposta pelo imperialismo estadunidense com o objetivo de neocolonizar países latino-americanos precisa ser enterrada. Igualmente a formação em caserna, como casta à parte. Na Espanha pós-franquismo, decidiu-se que parte da formação militar deveria ocorrer em Universidades, integrando militares ao povo, a pensamentos diversos sobre história, geografia, ética e filosofia. Está aí uma boa ideia, não só para Forças Armadas como para Polícias Militares.

Nem sempre foi assim. Nobres brasileiros serviram a pátria com honradez, cito apenas um nome para evitar maiores polêmicas: Cândido Rondon. Homem dedicado à pátria pelo amor aos indígenas. Amar a pátria é amar o povo, sobretudo os mais injustiçados. Assistir genocídio do povo yanomami e nada fazer não é honrar a pátria. Pátria ultrajada e destroçada pelo garimpo ilegal, vinculado ao crime organizado. O ouro que esvai aos olhos de quem deveria defender as riquezas nacionais. Desmatamento, mortificação de rios, ameaça à fauna, à flora, o mercúrio jogado nos rios afeta os peixes, chega à placenta de gestantes, ao feto e ao leite materno. Definitivamente, quem não se sensibiliza por tal situação, não ama a pátria. Tão mais bonito quando se vê as Forças Armadas servindo ao povo, como no acolhimento às vítimas do colapso climático no Rio Grande do Sul.

Terceiro absurdo. As Polícias. A resolução de crimes de homicídio no Brasil está entre as mais baixas do mundo, apenas um terço do total, no estado do Rio de Janeiro, 23% apenas, na Bahia, 15%[57]. É o serviço público mais ineficaz do país. Comparativamente à eficácia, seria o mesmo se a taxa de alfabetização das crianças ao final do ensino fundamental fosse de meros um terço do total dos matriculados. Imaginem esse grau de ineficácia na saúde pública. Há estatísticas revelando os pontos de roubo e violência nas grandes cidades, no entanto pouco se faz para preveni-los. O encarceramento em massa é a maior fonte de recrutamento para o crime organizado. Algo está muito errado e talvez não seja apenas incompetência, despreparo e desídia.

Milícias, o que são? Agentes do Estado que não cumprem suas tarefas de manutenção da segurança pública e a vendem em privado, via extorsão e coação. Serviço que deveriam prestar como servidores públicos, para o qual são pagos pela sociedade. Corrupção e criminalidade explícita. Primeiro começam vendendo segurança, depois o gás, depois o *"gatonet"*, o controle de territórios, venda ilegal de terra, extorsões, narcotráfico, garimpo ilegal, grilagem, assassinatos por encomenda[58], apoderamento do Estado para fins pessoais, tráfico de armas... O fio dos crimes não tem fim.

Sem uma profunda reforma cultural no Sistema de Polícia (militar e civil) não haverá sociedade pacífica e segura. Não é possível que agentes do Estado abandonem, agridam e matem o povo que os sustenta. Isso desorganiza o *ethos* da sociedade. Sem enfrentar esses três absurdos, sem reformar Judiciário/MP, Forças Armadas e Polícia, não haverá sociedade segura. Aqueles que mais bradam por Segurança Pública são os que mais a degeneram e os que deveriam defender a sociedade tornam-se seus grandes algozes. Sem dúvida há muitas e honrosas exceções, mas esse problema não pode mais ser varrido para "baixo do tapete". É questão de cultura.

Sob o discurso da segurança pública produzem violência, punitivismo, brutalidade e armamentismo da população civil, e muitos crimes e atrocidades são cometidos. Há muita mentira e manipulação de fachada, como em El Salvador. E a inicial redução aparente da violência não se sustenta no tempo, voltando e voltando-se com mais força e violência contra os mais fracos. Vide estados brasileiros quando tomados pelo poder de milícias.

Internamente às instituições há iniquidade e injustiças. Isso também afeta o desempenho do Judiciário/MP, de um lado com valores estratosféricos de remuneração no topo, agregando todo tipo de prebenda, abonos e indecências, na base, com desarranjos e baixas remunerações. Assim como nas Forças Armadas e Policiais. Iniquidade interna que se revela na formação da base militar e policial, com baixos rendimentos e insegurança; esses, apesar de parecerem os agressores mais diretos da população desamparada, também são vítimas de profunda desumanização planejada, bestificando-os para que sejam transformados em máquinas de desrespeitar cidadãos. Não protegem, perseguem e maltratam. Agridem e são agredidos.

Há situações cada vez mais recorrentes de absurdos. Um coronel reformado que mantinha um paiol com uma centena de armas e milhares de munições em seu apartamento e quase levou o edifício pelos ares afetando todos os vizinhos. Outro, espancando segurança do edifício em que mora por conta de o porteiro haver telefonado para comunicar reclamação quanto ao barulho. Outro, policial que atira em entregador por se recusar a descer para pegar a comida. Outros, dentro de viatura que desvia o automóvel apenas para atropelar andarilho em maldade gratuita. São casos diários, escancarados, documentados, filmados e televisionados. Tudo acontecendo em meio à impunidade, metralhamento de famílias, crianças sendo mortas em favelas e comunidades alegadas balas perdidas (não existe bala perdida, quando disparadas todas encontram um destino). É muita agressão. A lista de brutalidade é enorme, de briga de trânsito resolvida no revólver a chacinas.

A sociedade vai se dar conta da situação e dizer basta? A decisão é cultural, de disputa por valores civilizatórios.

É preciso mudar a formação policial. Que sejam preparados, bem formados, com lutas marciais, uso de armas e capacidade investigativa e de discernimento em situações sob tensão. Mas que saibam a quem servir, que sejam gentis com o povo e corajosos contra os opressores. Bons investigadores. Não é possível prosseguir com uma formação exclusivamente militar e de bestialização desses quadros de Estado.

Do soldado raso ao oficial de mais alta patente, do policial de esquina ao delegado, do investigador ao legista. É chegado o momento de criar carreira única para policiais, possibilitando ascensão na carreira, pela experiência nas ruas, dedicação e cumprimento verdadeiro do dever. Um agente começando como policial de rua podendo chegar a investigador, delegado ou comandante. Sob novos processos formativos, em cultura de paz e respeito ao povo. Por que não? Carreira única com processo de educação permanente. Sem casta. Assim evita-se discrepâncias e rivalidades internas. Talvez nível universitário para ingresso na carreira policial. É possível e necessário.

Deixo aqui uma sugestão: equiparação da carreira de policial à carreira do magistério, valorizando ambas. Quem sabe assim caminhem juntos e o país não mais assista cenas em que professoras em greve são espancadas por policiais. É um caminho para estimular o ingresso de pessoas mais bem preparadas e educadas, capacitadas para cumprir a nobre função de Agente de Segurança Pública. Para a defesa da sociedade, jamais para ser contra a sociedade.

Policiais como mediadores de conflitos, não como desrespeitadores e repressores da população, doutrinados para serem submissos aos poderosos e "valentes" com pobres, os fracos e oprimidos. Que saibam usar a força quando necessário, mas colocando a inteligência e a ética em primeiro lugar, o respeito ao próximo. Não o desmando covarde. Melhor salário de ingresso na carreira policial é absolutamente necessário, mas tem que vir acompanhado de uma nova ética nas polícias, hoje presas fáceis dos desmandos e corrupções, ou simples servilismo por adestrados a servir aos poderosos. O processo aqui proposto é inverso às soluções fáceis, essas demagógicas e cheias de rancor, daqueles que bradam aumentos de pena quando sequer conseguem executar a pena já existente. Esses são os subalternos às grandes ladroagens, crimes e indecências. Encarceram em massa para ocultar suas falcatruas preservando os grandes criminosos. Enfim, questões de cultura, ética e valores sociais. Sem uma nova cultura nas políticas de segurança pública jamais haverá solução duradoura para o controle da violência.

Há também a imbricação com a política. Quando crime, sistemas de justiça e segurança pública se fundem com a política, está instalada a barbárie. A lei dos horrores e dos medos se impõe. Há que falar de política e de ética, no entanto o tema é tão vasto que não cabe em um grão, nem nesse livro, deve ser tema para outro. "Política, a mais nobre das vocações, a mais vil das profissões", escreveu o querido professor Rubem Alves, meu mestre. Esmiuçar a questão da política exigiria uma sementeira só para o tema. Por enquanto atenho-me na pergunta. O que atrai as pessoas mais vilipendiadas e submetidas a maus-tratos a admirarem e submeterem-se aos seus algozes? Desamparo e impotência? Talvez.

Mas talvez um tanto mais. Revisando esse livro deparei-me com outro, recém lançado, *"A construção do Idiota – o processo de idiossubjetivação"*, de Rubens Casara; a leitura interessou-me sobremaneira. Ele demonstra a contradição entre o fenômeno da política com um "procedimento da verdade", ligado à mediação de conflitos e ao coletivo, e a construção contemporânea do idiota, o ser mesquinho, individualista e egoísta, alheio ao coletivo, como um "ser político que detesta a política e tende a não compreender o uso político que dele é feito", gerando uma "identidade pela ignorância":

> *"Instaura-se um pensamento maniqueísta, no qual a adesão a esse fator de identidade acaba por velar a complexidade social, fomentar o ódio à diferença e dividir as pessoas, impedindo eventuais alianças entre os diversos oprimidos. Tal mutação das identidades se dá em razão da emergência da racionalidade neoliberal, fenômeno correlato à cultura da concorrência, bem como do narcisismo e da indiferença. Em meio às múltiplas identidades de cada pessoa, a idiossubjetivação atua no velamento da complexidade."*[59]

Semear Cultura em uma perspectiva emancipatória é desvelar a complexidade, ativando a potência da vida. Biopotência é não se deixar impressionar, não se deixar dominar pelos podres poderes. É ter coragem em apontar os absurdos e não se conformar com eles. Pela potência da vida será possível desencadear uma avalanche do amor, com galhardia, brio e destemor. Biopotência é ter fé no povo como fonte única de soberania e capacidade transformadora; mesmo quando o povo sequer percebe sua capacidade de transformação, envolto em ardis, imposturas e insídia.

O poder da Biopotência contra ódios fabricados e o rearmamento da vilania, desgraças e malvadezas, reside na própria vida. A potência da vida é forte porque nada pôde jamais contra a vida. Quando o povo descobrir o poder que tem, o Biopoder e a Necropolítica serão derrotados. Biopotência é o poder daqueles que não se rendem. Ainda que o sol se esconda, o medo morda e o frio congele, ainda assim há brasa adormecida a ser acesa, há vida nos sonhos e força na alma[60]. Que os podres poderes e seus absurdos sejam enterrados e venha a Biopotência a nos guiar para a emancipação.

Grão 22 – A universalidade da Cultura

Cultura é um processo dinâmico em constante evolução e moldado pelas condições sociais e históricas, incorpora tanto costumes e valores quanto ideias e artes. É universal porque envolve práticas compartilhadas, mesmo quando as partes não tem a percepção de que o compartilhamento está ocorrendo. Em sua universalidade a cultura atravessa tempo e espaço, classes sociais, gênero, origem e identidades. Há uma amálgama não tangível que forma a cultura comum. Saber distinguir esses "atravessamentos", separa-los e transformá-los é missão da política cultural.

A cultura não é exclusiva das elites (política, econômica, artística, social, religiosas...) sendo produzida e vivenciada por todos os estratos sociais em múltiplas dimensões. Nenhuma cultura é pura. Mesmo em hipótese, imaginando uma sociedade em isolamento completo por séculos. Os Rapa Nui, do lugar conhecido como Ilha de Pascoa, isolada de outra porção de terra por milhares de quilômetros de oceano, mesmo assim é uma cultura atravessada por ancestralidade conectada aos argonautas do Pacífico que, em algum momento alcançaram aquela ilha então desabitada. E desses argonautas com a ancestralidade em relação a outros caminhantes da aventura humana. Desde quando decidiram sair da savana africana. Sempre há atravessamentos e apropriações, sobretudo nos tempos atuais. A cultura chega sem pedir licença. E vai sendo apropriada, descartada ou reelaborada. É um processo contínuo que reflete a universalidade da cultura como experiência coletiva e em constante transformação.

A universalidade da cultura habita em suas repercussões amplas e impactos sociais intensos, moldando e sendo moldada pelos processos de atravessamento e relações de poder. Não é um campo separado da política ou da economia, sendo agudamente entrelaçada pelas relações de poder e controle social. Elaborar política cultural em sentido profundo pressupõe compreender como a cultura é percebida, criada, difundida, consumida e contestada no ambiente social. Falar em Universalidade da Cultura significa entender que a cultura não é apenas um conjunto de produtos artísticos ou intelectuais, mas também palco de lutas políticas e ideológicas.

Permeando todas as esferas da vida humana, a cultura é um campo de práticas compartilhadas indispensável para a coesão (ou descoesão) social. Para além de forma de vida coletiva e dinâmica, ela reflete dimensões ideológicas e políticas que perpetuam (ou superam) relações de poder. Nessa perspectiva, uma Política Cultural, para ser transformadora e emancipadora, deve levar em conta, em todas as suas ações e medidas, a dualidade

Autonomia/Vulnerabilidade ou Autonomia/Fragilidade, conforme expressão de Bauman:

> *"Falando do ponto de vista sociológico, o par autonomia/fragilidade reflete a polarização de capacidade e incapacidade, desenvoltura e falta de expediente, poder e falta de poder de autoafirmação. Essencialmente moderna é a condição em que o lugar entre os dois polos que assinalam o continuum ao longo do qual todos os indivíduos humanos são posicionados nunca é plenamente 'estabelecido', estando sempre sujeito a negociação e luta"*[61]

Uma Ação Cultural Transformadora desnaturaliza a ordem artificial construída historicamente e apresentada como natural. Ela deve sempre incluir processos de deslocamento e reflexão crítica, de forma lúdica, agradável, imperceptível até, mas que possibilitem a compreensão e interação com o mundo. Em *Grãos* anteriores eu procurei apresentar exemplos de como isso deve acontecer de forma massiva e integrada. O objetivo é o cultivo de indivíduos e sociedades livres e solidárias. Políticas culturais circunscritas à organização de eventos e competitividade na seleção de propostas e caminhos vão em sentido oposto ao ideal de liberdade e autonomia, reproduzindo práticas e valores de uma ordem que deveria ser superada. Ao reforçar valores da velha ordem, competitiva e acrítica, perpetuam processos de dominação.

Gestores e agentes culturais comprometidos com práticas culturais mais democráticas e emancipatórias orientam suas políticas e ações para a capacitação do público a pensar criticamente, questionar o mundo ao redor e se tornarem agentes ativos na transformação da sociedade. Pode ser uma medida como educação no trânsito a partir da arte de palhaços, a exemplo de experiência bem sucedida em Bogotá e La Paz, realizando intervenções lúdicas a demonstrarem que um trânsito mais gentil, com respeito às regras, aos pedestres e ciclistas, torna a vida em cidade muito mais feliz e harmônica. Ou uma exposição em museu com suportes inclusivos e bom serviço educativo. Também com iniciativas que alcancem o maior número de pessoas.

Partindo desse *Grão* peço licença para jogar outro, crítico à excessiva editalização que está tomando conta das políticas culturais no país. Nem toda medida de distribuição de recursos pode prescindir de chamadas públicas e seleção competitiva, via regras de editais, mas quando a ação cultural é circunscrita apenas a essa forma, amesquinha-se a política cultural. A cultura é infinita, cabe em todo lugar e está presente em todas as pessoas. Não trabalhem pela lógica da escassez, planejem, e executem, seus trabalhos, projetos e ideias, pela lógica da abundância, da Universalidade.

Grão 23 – Editalização da Cultura

Toda política cultural deve estar permeada pela ética do cuidado, dando importância ao diálogo e escuta ativa. Deve sempre ser inquieta, questionadora, curiosa e criativa. Essas características são indissociáveis do objeto da política cultural: a arte e a cultura.

Políticas culturais ensimesmadas, burocratizadas e repetitivas transpõem essas práticas e valores ao objeto criador. A excessiva editalização da cultura irá matar a cultura. Quando tudo se resume a regras rígidas e competições, os projetos ficam cada vez mais pasteurizados, uniformes, cumpridores de regras de acordo com pontuações previamente definidas. Afora outros problemas, como padronização nos processos seletivos, pouca diversidade e complementariedade, mesmo sob o manto da diversidade e fortalecimento das identidades. Com o tempo vai virando negócio, negando a razão primeira da cultura e das artes, que é a invenção e o questionamento das ordens estabelecidas. Um edital para seleção de projetos não é uma mera ferramenta para transferência de recursos, é um indutor de políticas e capacidades criativas.

Aparentemente seria um paradoxo, uma contradição diante da realidade de o país estar investindo o maior recurso para o fomento direto à cultura em toda sua história[62] e, ao mesmo tempo, a terra da cultura podendo estar sendo arada de forma tão equivocada. Lanço mão desse *Grão* para fazer um alerta. Uma tentativa a evitar que a Lei Aldir Blanc 2 reproduza os mesmos erros, lentidão e vícios expressos na Lei Paulo Gustavo. Ainda há tempo. Também como análise para aprimoramento do que foi a Lei Aldir Blanc 1, na qual tive participação ativa em sua formulação e mobilização social. Por favor, entendam como uma contribuição sincera e desinteressada ao debate conceitual sobre políticas culturais. Mas se eu me furtasse a fazê-lo não seria honesto com minha história e com tantos e dedicados agentes que depositaram suas energias e sonhos para lavorar um novo marco de financiamento para a cultura e as artes no país.

Edital é concurso, não é política pública, é apenas um meio para seleção de propostas. É ferramenta para alcançar um objetivo, não o objetivo em si. Como toda ferramenta, pode auxiliar na resolução de problemas ou danificar o objeto que pretende atender. Quando a ferramenta é fetichizada, transformada em solução única, vira apologia da técnica. Técnica como ideologia resulta nos piores equívocos, faz com que o "meio" determine a consciência, modos de ser e a prática. Max Weber construiu o conceito de "racionalidade" para definir como a lógica capitalista, a partir da técnica e da dominação burocrática, moldou o comportamento social, formas de pensar e desejos desde então. Pela racionalização/racionalidade da técnica capitalista, valores foram introjetados na sociedade. Como consequência, critérios da ação instrumental penetraram noutros campos da vida. Em Habermas:

> "A 'racionalização' progressiva da sociedade depende da institucionalização do progresso científico e técnico. Na medida em que a técnica e a ciência pervadem as esferas institucionais da sociedade e transformam assim as próprias instituições, desmoronam-se as antigas legitimações. A secularização e o 'desencantamento' das cosmovisões orientadoras da ação, da tradição cultural no seu conjunto, é o reverso de uma 'racionalidade' crescente da ação social."[63]

A forma deforma a forma[64]. O uso das ferramentas precisa estar adequado às necessidades do objeto que se pretende transformar. Quando o edital se transforma em panaceia, porta única de acesso à transferência de recursos públicos, ele deforma todas as formas criativas, afetando criatividade e artes. A editalização das Artes e da Cultura pasteuriza projetos e reduz artistas, criadores e agentes culturais a concorrentes entre si. Ela mata a colaboração e domestica a rebeldia. Esse é o problema de fundo que está sendo gestado com a excessiva editalização acrítica das Políticas Culturais.

É possível que em algum estado ou município a lei Paulo Gustavo tenha sido bem aplicada, assim como a Aldir Blanc 2 será; e certamente há bons projetos selecionados em diversos editais. A questão não é essa. O problema de fundo é o princípio, o valor filosófico neoliberal da meritocracia, que é uma falácia. O problema acontece quando tudo se reduz a competição seletiva, e com funil cada vez mais apertado. Esse reducionismo será (está sendo) o grande indutor de políticas e formatos de acesso a recursos para a criação, produção e circulação da cultura no país. E esse é um grande problema.

Em algum momento essa questão de fundo da editalização da cultura terá que ser melhor avaliada e revisada. Caso a revisão demore o estrago será gigantesco. Uma tragédia em termos de política cultural, ainda mais se levarmos em conta que a grande injeção de recursos para as leis Paulo Gustavo e Aldir Blanc 2 é resultado do desdobramento de uma lei tão generosa, consistente e inusitada, como foi a lei Aldir Blanc 1.

A Aldir Blanc foi uma lei construída de baixo para cima em contexto de crise sanitária, com as pessoas confinadas em suas casas, em que houve busca ativa, colaboração e auxílio mútuo, com resultados reais e eficazes. No mundo não houve nenhuma outra legislação cultural construída dessa forma durante a pandemia de Covid-19[65]. O Brasil foi pioneiro e inovador, via mobilização a partir de grandes assembleias pela internet, mobilizando um total 40 mil pessoas em todo o país em centenas de encontros via internet. Pelo método do consenso progressivo foi possível aprovar uma lei em defesa da cultura que em condições completamente adversas preservou 800 mil postos de trabalho[66].

A regulamentação e aplicação das Leis decorrentes (LPG e LAB2) precisa honrar e aperfeiçoar essas conquistas, jamais jogando-as no lugar comum do desencantamento. Conquistas da sociedade brasileira que vão muito além do ambiente da cultura em sentido estrito e que representam o maior aporte de recurso orçamentário direto para as artes e a cultura da história do país, R$ 3,862 bilhões na Paulo Gustavo e R$ 15 bilhões em cinco anos (R$ 3 bilhões/ano) na lei Aldir Blanc2. Antes dessas, o maior aporte em uma única ação da Cultura foi com a Lei Aldir Blanc (LAB), com R$ 3 bilhões e em contexto de pandemia de Covid-19. Antes, o programa Cultura Viva, com R$ 559 milhões, entre 2004 e 2010. Com o Cultura Viva foram alcançados 1.100 municípios e 3.500 comunidades, com a LAB 1 um total de 4.600 municípios e com a LPG, 5.465; em todas as situações, todos os estados e o distrito federal, demonstrando efetividade no Pacto Federativo. Cito esses dados para uma melhor compreensão do volume e histórico de experiências acumuladas. Houve um processo para chegar até aqui, e muito trabalho acumulado.

A LAB cumpriu sua função na cadeia produtiva da cultura, no estímulo à criatividade artística e horizontes de esperança, evitando que uma catástrofe econômica maior tivesse acontecido por conta da Covid-19. A despeito de não haver ministério da cultura e o governo federal anunciar-se como inimigo das artes de a cultura, em razão da mobilização social, teve relativamente à circunstância, rápida execução na média:

- 60 dias entre o início da mobilização e a aprovação no parlamento;
- 30 dias para sanção presidencial (retardada até o último dia limite);
- 30 dias para regulamentação no governo federal;
- 60/90 dias para inscrição de planos de trabalho e transferência de recursos aos entes federados;
- 90/120 dias para processos seletivos, resultados e início dos pagamentos;
- 180/240 dias em média no total (contados a partir da publicação da lei).

A despeito da recriação do Ministério da Cultura, o tempo para a execução, permitindo que os recursos chegassem à ponta, foi por demais estendido:

- 130 dias para a regulamentação (publicada em 11/05/2023);
- 60/90 dias para inscrição de planos de trabalho e transferência de recursos aos entes federados;
- 90/120 dias para processos seletivos, resultados e início dos pagamentos;
- 280/340 dias em média no total (uma vez que a lei já estava publicada em 1/1/2023).

Uma diferença de cem dias a mais, quando o mínimo esperado no desempenho seria o encurtamento do prazo. Não se trata da questão menor, recursos públicos precisam chegar com agilidade na ponta, ainda mais na circunstância dessas leis, de caráter emergencial. Gastou-se muito tempo na regulamentação, em consultas que não foram efetivas ou resultaram em alterações fundo, sendo mais uma ação de divulgação do novo governo. Pela experiência acumulada com a LAB 1, o correto seria definir os ajustes na regulamentação no período de transição presidencial, havendo a publicação da lei logo nos primeiros dias do governo, pois já contava com a experiência da lei anterior, cabendo ajustes e aperfeiçoamentos. Infelizmente não foi o que aconteceu, a despeito de o problema ter sido levantado a tempo e soluções terem sido apontadas. Isso resultou em grande frustração e não é questão menor.

O setor da Cultura vinha de um governo abertamente inimigo das artes, promotor de guerra cultural, além da pandemia. Anos de arrocho e dificuldade. Herbert de Souza, o Betinho da Ação da Cidadania dizia: "Quem tem fome tem pressa!". Quando em governo, sobretudo aqueles que se pretendem de transformação, ou se autodeclaram progressistas ou de esquerda, as mudanças anunciadas tem que ser efetivas e tempestivas. Não se pode ser negligente com as agruras de quem está na ponta e que é a razão do trabalho do governante. Nada justifica. Há percalços em governos, como servidor público aposentado com quase 40 anos de serviço, sei disso, há *habitus* burocrático, hermetismo, desconsideração com aqueles que se deve servir. Exatamente por conta disso não se pode perder tempo.

Inicialmente a LPG deveria ter a mesma característica emergencial da LAB, mas devido à má vontade do governo de extrema direita e à demora na aprovação da lei, sua execução se deu em outro contexto, não mais de emergência, mas de retomada de ações perenes. Para além de atender situações de urgência e emergência, ela poderia ter servido para saltos qualitativos em política cultural, com a efetiva estruturação do Sistema Nacional de Cultura e nem toda aplicação de recursos precisaria ter acontecido por editais em concorrência, havendo outros modelos mais justos e eficazes a se complementarem com os editais.

Há campo para a universalidade no acesso, como houve com a Lei Aldir Blanc. Em pequeno município, certamente, edital não é o melhor caminho. Fazer disputa entre os dois ou três poetas da cidade? Isso não faz sentido. Idem em municípios médios ou grandes. Em algumas situações cabe edital e concorrência, em outras há soluções melhores, mais objetivas e diretas, que prescindem de edital concorrencial. Dá para contemplar todos. Não necessariamente a melhor forma de beneficiar algumas áreas é via seleção de projeto individual ou de grupo, quando se inclui alguns e se exclui muitos. Para música, melhor um festival ou mostra. Para artistas plásticos, compra de obras de arte. Para teatro, circuito de apresentações em escolas. Em cada lugar uma realidade e forma de solução. O fundamental é o princípio colaborativo e complementar da cultura. Quanto menos concorrência e disputa, melhor. A cultura se desenvolve muito mais quando em colaboração.

Evidente que há casos em que cabe selecionar. Nessas situações cabe pensar melhor a forma. Eu mesmo já idealizei e organizei dezenas, talvez uma centena de editais, participei e presidi dezenas de comissões de seleção[67]. Não necessariamente por projeto, pela intenção. Com os Pontos de Cultura o que mais valorávamos na seleção era o já feito, o portfólio do proponente. É a história que garante o futuro. Em outras pode ser por curadoria, que é uma outra forma de comissão julgadora, que vai aos locais, avalia a qualidade do que é feito. Assim, evita-se que trabalhos culturais que realizam ações consistentes e enraizadas, mas que não escrevem tão bem os seus projetos, sejam melhor avaliados pela realidade do que fazem, não do que escrevem ou projetam. Sendo honesto, havendo avaliado milhares, muitos projetos chegam bem escritos, usando as mesmas palavras-chave do edital, conseguindo incluir cada exigência para um ponto a mais, mas falta alma.

Os editais de concorrência ficariam para situações específicas, como recebimento de propostas de jovens artistas entrantes, primeiras iniciativas, ou então trabalhos de maior fôlego e necessidade de aporte de recursos por envolverem mais investimento em pesquisa artística, circulação, montagem, projetos experimentais, viagens de intercâmbio e interações estéticas. Sabendo equilibrar a Cultura transcende velhas práticas e costumes, até aquelas que reproduzimos sem perceber.

No próximo Grão vou fazer um exercício de como seria possível aperfeiçoar os processos de editais, tornando-os indutores de processos mais colaborativos, justos e eficazes.

Grão 24 – Cultura e arte, substantivas femininas, inclusivas, abarcativas e universais.

O que fazer para a realização de editais e chamadas públicas mais justas e colaborativas?

De norte a sul, nos rincões mais esquecidos, nas temáticas mais olvidadas, que a aplicação da lei Aldir Blanc 2 seja inclusiva e generosa, tal qual concebida e defendida no início. Se houve tropeços na lei Aldir Blanc 1, muito pelo contexto de pandemia, e também com a lei Paulo Gustavo, cabe corrigir e aperfeiçoar; não há demérito na crítica e autocrítica, desde que fraterna. Também refletir em relação a outros editais e chamadas de fomento à cultura.

Cabem as culturas tradicionais e as artes experimentais, as artes de rua e as de câmera, a música popular (todas elas), os slams e as óperas, a música sinfônica. Os filmes, os documentários, as ficções, os curtas, os médias, os longas, as séries. Os podcasts e a cultura digital. Territórios de identidade e culturas ancestrais. Museus e Centros Culturais. Livros e livrarias. As criações que estão para serem complementadas e concluídas, cabendo impulso. E os produtos que estão para serem criados. Os jovens e iniciantes. E os veteranos e consagrados. Importante atentar para não colocar iniciantes e veteranos em uma mesma seleção, pois são realidades e caminhos diferentes; os primeiros devem ser selecionados pelo que se propõem a realizar, os segundos, pelo que realizaram.

Todos e todas, todes e tudo cabem em completude. Cabem porque Cultura e Arte são substantivas femininas, inclusivas, abarcativas, universais. "A" Cultura. "A" Arte.

Direto ao ponto. À operação, exemplos, reflexões e alertas:

1. Os recursos da LPG tiveram origem distinta das Leis Aldir Blanc 1 e 2; por fontes distintas a aplicação também é distinta. A maior parte dos recursos (R$ 2,797 bilhões) teve origem no Condecine (Contribuição para o Desenvolvimento da Indústria Cinematográfica Nacional), devendo ser revertida exclusivamente no setor Audiovisual, via FSA (Fundo Setorial do Audiovisual). Um grave equívoco na fase de regulamentação foi não ter colocado mais ênfase nessa questão em meio às incontáveis audiências, isso teria evitado toda cizânia e disputas indevidas quanto à aplicação de recursos que já tinham destinação carimbada por lei. Como recursos originados na cadeia produtiva do audiovisual só poderiam ser aplicados nessa atividade, e é justo que seja assim. O audiovisual emprega gente em todas as áreas, mas a porta de entrada tem que ser pelo audiovisual. A dança pode ser contemplada por essa origem de recurso? Pode, via uma proposta de filme sobre dança, assim como atores e atrizes são contratados quando da realização de um filme. Bem como escritores

e roteiristas, cenotécnicos, músicos, etc. Também não se deve esquecer que fazer audiovisual é custoso (tem características industriais e envolve muita gente), logo, é bom evitar pulverizar por demais os recursos. Um bom filme pode ser realizado com um celular? Sim, mas se tiver melhores meios será melhor realizado. Em havendo propostas inclusivas e generosas, muita gente se beneficia e trabalha junto, mesmo sendo apenas uma única película, que hoje são digitais. Também não esquecer dos jovens e iniciantes, e abrir chamadas específicas para eles. Mas sem que isso exclua os mais experientes, que com sua trajetória bem sucedida impulsionam os que vem na fila. Há espaço para todo mundo, desde que se saiba fazer, e a alma não seja pequena.

2. Para as demais áreas culturais o valor total foi de R$ 1,065 bilhão. Isso representa um terço do que foi a Lei Aldir Blanc. No início de 2023 eu alertei para um problema: haveria muita frustração. Gerou-se muita expectativa, houve muita demora na aplicação e os recursos quando liberados equivaliam a um terço da LAB, revelando-se insuficientes para as demais áreas da cultura. No início de 2023 eu apresentei a sugestão para a aplicação conjunta com a Lei Aldir Blanc, algo bem simples de resolver. Nada é mais triste que a disputa na escassez. Isso desune e apequena os afetos entre grupos sociais e pessoas. "*– Farinha pouca, meu pirão primeiro!*", diz o ditado. Infelizmente não fui ouvido. Com isso houve muita pulverização e os recursos foram pouco expressivos no valor unitário, o que afeta a qualidade das produções artísticas, além de reduzir em muito a quantidade de contemplados. Caso as duas leis tivessem sido lançadas em conjunto teria havido uma injeção de recursos de quase R$ 7 bilhões para o fazer cultural e artístico no país. Em havendo inteligência nas

chamadas, como estímulo a festivais e caravanas[68] pelo país, teria sido uma revolução de esperança e criatividade. E nem haveria necessidade de recursos adicionais, pois já embutidos nas leis aprovadas e com orçamento previsto para 2023. É um equívoco pensar que a aplicação concomitante das duas leis é de difícil execução. Ao contrário, é um facilitador. Seria evitado retrabalho e cada lei poderia ter se concentrado em determinados setores e temáticas. No lugar da escassez, a abundância. Escolheu-se outro caminho, paciência, mas necessário o registro para a compreensão do desencantamento e frustrações advindas depois.

3. *Fundamental simplificar*, evitando editais dificultosos, sobretudo na exigência de documentação que o governo já dispõe. Não faz sentido exigir certidões que são emitidas pelo próprio governo. O trabalho para o proponente colocar todas as certidões é enorme e desnecessário. Avisa-se da necessidade das certidões e antes do pagamento dos prêmios, bolsas, e somente para os contemplados, quando do contrato e pagamento, essas certidões são necessárias. Os funcionários do governo podem puxar essas certidões de seu sistema. Havendo problema, notifica-se o contemplado e se dá um tempo para que ele resolva. Quando dos Pontos de Cultura eu tomei a seguinte decisão, isso em 2004: primeiro avaliaríamos o mérito das propostas, o conteúdo, os sonhos, as energias comunitárias envolvidas para só depois analisar a documentação burocrática e certidões. Em editais, até hoje, o que ocorre é o contrário. Com isso a maioria dos projetos são descartados sem ao menos terem a sua proposta lida por algum avaliador. Algo bem cruel. Sobretudo com organizações e proponentes com origem popular e comunitário. Vocês não acham? Eu acho. Uma

quantidade incalculável de energia e criatividade jogadas no lixo, no limbo da não avaliação. Àquela época (2004) muitos documentos só eram acessados em papel e nada interligado, hoje será bem mais fácil e ágil. Alterando a ordem na análise de projetos seriam poupados milhões de horas de trabalho de milhares de fazedores da cultura. Há que respeitar o tempo de trabalho do outro. Quem faz arte e cultura tem que estar concentrado na criação. Tão melhor a satisfação de poder ajudar lindos sonhos a se tornarem realidade. Como tem sido feito, em sua maioria, são descartados sem ao menos passarem por uma análise. Sei que muitos dirão que essa é a lógica da burocracia estatal e que não pode ser mudada, mas enfim, penso e procuro agir dessa maneira quando em funções de decisão. Aponto o exemplo para demonstrar que é possível fazer diferente.

4. *Caminhemos para a universalização e a simplificação.* Quem faz cultura e arte de forma reconhecida e continuada tem que ter acesso a recursos sem a necessidade de concorrência e disputa entre iguais. É possível. Esse princípio esteve inserido, mas infelizmente não plenamente compreendido e aplicado, na LAB. Dei até curso para apontar esse caminho. Mas...cabeças são tão formadas na ideia da concorrência que é difícil mudar. Apresento porque é possível colocar esse princípio em prática já. Ao menos nos estados e municípios em que houver uma compreensão mais generosa e menos burocratizante, ao menos em parte, onde for possível. Experimentem. Depois vai espalhando. Exemplos bem singelos: artesãs e violeiros. A prefeitura pode contratar um curso para inserção produtiva em economia solidária (de preferência com recurso próprio, sem utilizar a verba das leis de cultura, assim sobra mais dinheiro para as artesãs) e chamar artesãs

e artesãos para se inscreverem no curso. Todos inscritos receberiam um valor (sugiro: Investimento Semente) para aplicarem em seus negócios. E se houver mais inscritos que recursos, a prefeitura bem que pode completar, afinal, é para investimentos produtivos na própria cidade. Vale a pena cuidar da nossa gente, não custa caro. Ou "*Viola na Praça*", todos os violeiros da cidade se inscreveriam para se apresentarem alternadamente aos finais de semana no coreto da cidade (de preferência com a prefeitura pagando som, instalações de palco e apresentador com recursos próprios, quase todas têm esse tipo de contrato) recebendo cachê em pagamento. Sem necessidade de projeto, algo contínuo e leve. O violeiro vai e toca na frente de um funcionário da prefeitura para mostrar que é bom nos acordes. Pronto, está contratado!

5. *Cultura cara a cara*. Sabem qual política pública agia assim? A Federal Art, sob o governo Roosevelt após a grande depressão de 1929[69]. A mesma forma pode ser também com Slam. Ou audições de violino e violoncelo. Ou apresentações de dança, teatro infantil com circuito em escolas. O que seja. Faz-se uma chamada pública marcando local e datas para que cada artista ou grupo apresente sua habilidade (do latim *Ars*, técnica ou habilidade). Cara a cara, sem papelada ou burocracia, bastando uma apresentação simples. E assim se atende todo mundo, de forma colaborativa e sem disputa. Que tal?
6. Isso significa que não deva haver edital concorrencial? De forma alguma, por maiores que sejam os recursos são limitados e há que haver algum processo de seleção. Mas que isso aconteça apenas em determinadas categorias de projetos, mormente aquelas mais complexas e que envolvam profissionais mais experimentados, ou iniciantes, a exemplo do bem sucedido VAI (Programa de Valorização

das Iniciativas) na cidade de São Paulo. É necessário que jovens e iniciantes concorram em editais específicos, com critérios e valores adequados à iniciação. Bem como que não se exclua os mais experientes, do contrário se corta o fio. Quando se corta o fio da cultura ela vai morrendo; isso as mestras e mestres da cultura popular sabem muito bem. Uma boa ideia que vi dia desses, sendo aplicada na cidade de Maringá recentemente, foi o lançamento de um edital único, multilinguagens e multissetorial; também pode ser um bom caminho para uma maior flexibilidade e justiça nas escolhas, não vi o resultado, mas pareceu-me uma boa opção. São múltiplas as possibilidades, não se atenham a modelos únicos e formatados.

7. *Quando em concorrência, procurar soluções que contemplem ao menos 30% dos inscritos.* Ao menos. Defendo essa ideia porque a apliquei quando eu estava como secretário da Cidadania Cultural no MinC, também como secretário de Cultura em Campinas, há mais de 30 anos. Afirmo que é bem viável. Evitem editais que contemplam apenas uma dezena de pessoas em meio a centenas de inscritos. Isso é uma forma perversa de administrar a exclusão. Para os editais da Cultura Viva, eu e mais um assessor[70] com boa formação em matemática, preparamos uma equação prévia assegurando a distribuição de recursos de forma mais democrática e equilibrada. A equação utilizava três fatores (população, IDH e projetos enviados por região ou temática) com ponderação diferente para cada fator. Com isso, regiões com menor IDH, em zonas de fronteira, povos indígenas, quilombolas, recebiam proporcionalmente à população um per capita maior que em regiões mais ricas do país. São Paulo, por exemplo, apesar de ter 23% da população nacional, nunca teve mais que 18% de Pontos de Cultura. Cheguei

a esse resultado e proporcionalidade (assim como nas demais unidades da federação) por cálculo matemático, também por filosofia e justiça, de modo a reduzir diferenças regionais. Garantimos equidade na distribuição de Pontos de Cultura, assim como com prêmios nas ações da Cultura Viva. Foram milhares de contemplados, assegurando realizações na ponta, por quem nunca antes havia acessado recursos públicos.

8. *É possível garantir soluções mais equitativas* para a distribuição de recursos públicos. Quando da lei Aldir Blanc repetimos a experiência para sugerir uma equação mais simples: a fórmula 80/20[71], fórmula que foi aplicada tanto na LAB como na LPG, e segue na LAB2. Com essa equação é possível definir previamente quanto cada estado e município receberá do montante total. Isso acaba com negociatas e lobbies, em que ganha mais aquele que tem mais "jeito" (ou "outros" argumentos) para influenciar na decisão sobre alocação de recursos. Essa equação foi feita na mesa de casa, em um domingo poucos dias antes da votação da lei, a pedido de Jandira Feghali, relatora da LAB, junto com uma assessora dela[72], por internet chegamos na fórmula. Com tempo seria possível incorporar outros fatores: regiões de relevante interesse cultural, patrimônio histórico, ambiental, zonas de alta vulnerabilidade e exclusão. Apenas ressalto que a cada novo fator a equação fica mais complexa, sendo necessária uma boa ponderação a cada fator. Ponderações matemáticas são complexas.
9. *Diversidade Complementar*. Não somente a diversidade, mas aquela que se complementa e que, com sua entrada, enriquece o conjunto da rede. Exemplos: cinema e fotografia para portadores de deficiências visuais; música para deficientes auditivos; projetos com pessoas com síndrome

de down, autistas; ou clubes de filosofia ou astronomia... Propostas e invenções inusitadas jamais pensadas, integrando artes e pessoas, por vezes são projetos únicos, mas que, ao entrarem na rede afetam todos os demais.

Vamos sair desse fetiche por editais, que, ao final, são meras regras para concurso. Há muitos caminhos para além da via concorrencial e "meritocrática" (que sempre é falseada ao gosto de quem escolhe). Mesmo mantendo a forma Edital concorrencial em algumas situações. Não nos conformemos na forma. É um apelo. O povo da Cultura é tão inventivo e rebelde, que não se deixe formatar. Ainda mais em formas que excluem, mesmo sob o discurso e manto da inclusão. Tem lugar para todo mundo. Que a farinha seja para todos e a mesa da arte e da cultura seja farta. Desejemos isso. Trabalhemos pela abundância, não pela escassez. Pela colaboração, não pela competição. Dando *"mãos com mãos"*, como em uma ciranda.

Grão 25 – Revisitando editais da Cultura

Revisitando o percurso preciso fazer uma observação. Deslocar uma porcentagem dos valores totais das Leis Paulo Gustavo e Aldir Blanc 2, para gestão e seleção de projetos é um equívoco. Mais que um equívoco, engano ou interpretação ambígua, é um grande erro. Erro que já está produzindo distorções e que serão ainda maiores na medida em que se mantiverem pelo tempo, como em um pequeno desvio de ângulo, que no início pode parecer imperceptível, mas que projetado no tempo e no espaço causa um grande desvio de rota.

Com a Lei Aldir Blanc, em plena pandemia, houve proposta para deslocar entre 5% e 15% para gestão dos Editais. Tão logo eu soube lancei um apelo e fiz uma gravação que foi distribuída pelas redes sociais, demonstrando que além de ilegal essa medida seria profundamente injusta por retirar recursos da ponta, deslocando-os para atividade meio. Ainda mais sob as condições específicas da pandemia, em que os recursos eram escassos e deveriam chegar em quem realmente necessitava. Isso trouxe um grande desgaste pessoal e político para mim (em relação aos poderes constituídos), mas não me arrependo. Com esse meu protesto, inicialmente solitário, houve um recuo na intenção e foi possível manter entre R$ 150 a 450 milhões[73] para serem distribuídos na ponta, para artistas e profissionais da cultura e não em atividades meio. Até porque os governos estaduais e municipais estariam recebendo o recurso sem necessidade de aporte em contrapartida, sendo justo que assumissem as próprias despesas de gestão.

Com a Lei Paulo Gustavo, já sob um Ministério da Cultura (MinC) reorganizado, fiz o mesmo alerta, mas não tive o mesmo sucesso. 5% do total da LPG via regulamentação interna do ministério. Primeiro erro, isso jamais poderia ter acontecido dessa forma porque ilegal. Uma regulamentação de lei jamais pode incluir despesas não previstas na lei. 5% de R$ 3,8 bilhões (total da LPG) representa R$ 190 milhões retirados da ponta. Mesmo em havendo um teto de R$ 4 milhões por ente federado, o valor total deslocado da atividade finalística foi superior a R$ 170 milhões; a título comparativo, significou menos 10 mil projetos contemplados ao valor de R$ 17 mil cada, uma perda significativa. Alertei que o artigo 17 da regulamentação da LPG era flagrantemente ilegal, me espantou que a Advocacia Geral da União tenha permitido. Em algum momento Tribunais de Contas levantarão óbice, e gestores municipais e estaduais estarão diante de um grande problema por terem sido induzidos a erro[74]. Não há demérito em corrigir falhas a tempo, ao contrário. O próprio MinC deveria fazê-lo. Mesmo que alguém encontre uma filigrana jurídica a justificar a medida, ela é errada no mérito. Ocorre que o problema maior nem é a diminuição de recurso na ponta, apesar de significativo.

Apontar esse problema e os riscos decorrentes não significa não compreensão sobre a necessidade de despesas operacionais, capacitação, preparação dos processos. Pode haver contratação de consultorias para auxiliar a administração pública, dando suporte tecnológico, conceitual e de formação dos proponentes, mas com despesa assumida pela administração. E que seja momentânea pois há que formar expertise nos governos, do contrário vira terceirização de política cultural estratégica. Da forma prevista os 5% vem como um valor "carimbado" viraram indutor de contratação. Isso cai criando um negócio (e com montante em valor considerável se somado todo o país). Empresas e organizações sociais foram empacotando propostas para inscrição e seleção, formulários padrão, equipes uniformes de pareceristas, critérios.

Esse é o maior problema. Primeiro porque desloca a gestão da política cultural da esfera pública para a gestão privada. Por vezes se protesta contra a terceirização para Organizações Sociais em relação a equipamentos públicos, como orquestras, museus ou centros culturais. O que houve com a gestão da execução da LPG e que pode vir a acontecer com a LAB2 é muito pior. Tudo fica pasteurizado, uniforme. A aleatoriedade, elemento fundamental para a composição de notas em processos seletivos, deixa de existir quando comissões julgadoras são contratadas em bloco; mesmo quando há boa intenção e qualificação, o olhar vai ficando viciado. Não à toa tanta frustração com os resultados. Afora o estímulo a esquemas dirigidos para contratação, mas sobre isso prefiro nem entrar, por amargo e triste. A questão é de princípio, de conceito e filosofia: política pública tem que ser decidida e executada na esfera pública. Ademais, Fundos têm finalidade específica e a aplicação de recursos, não só em Fundos de Cultura, mas em todos os Fundos, não pode ser desviada para cobrir despesas da administração direta. Lamento ter que dizer o óbvio. Desse erro, outros problemas vão surgindo.

Primeiro: parecerista não deve ter a decisão final, ele emite opinião abalizada na técnica (um parecer), pode apontar uma nota de orientação, mas ela jamais pode ser absoluta e final. Há um conjunto de outros fatores que devem orientar uma decisão sobre financiamento de projeto, até porque há uma grande carga de subjetividade na definição de notas aparentemente técnicas. Já participei de mais de uma centena de comissões julgadoras, presidindo a maioria delas, há pareceristas que são mais condescendentes na análise, outros mais críticos e exigentes, normalmente os primeiros projetos analisados ganham nota mais elevada que os últimos[75], preferências subjetivas, ênfases. É da natureza humana; que algoritmos de IA também irão reproduzir, antes que alguém faça a sugestão. Ou alguém considera que um projeto que recebeu nota 8,75 é inferior àquele que recebeu 8,90? O que recebeu 8,75 pode ficar de fora. A forma para corrigir distorções seria uma análise final de conjunto, em comissão julgadora diferente da composição de pareceristas iniciais.

Segundo: fase recursal precisa ser para valer. Para escrever esse texto eu procurei exemplos em estados e municípios em que houve uma grande aceitação de recursos, alterando ou ampliando a composição de selecionados. Não encontrei. Fase recursal não é medida "pro forma", tem que ser para valer, do contrário é uma falácia. Houve editais que, por mal redigidos, 45% do total dos inscritos foram desclassificados, sequer encaminhados à seleção. Evidente o erro de gestão. Mesmo com algo tão evidente os recursos não foram acatados. Importante: sempre reservem orçamento para acatar recursos de mérito[76], sem a necessidade de excluir os já contemplados.

Terceiro: Falta aleatoriedade nas composições de pareceristas e comissões julgadoras. Esse é um princípio básico. Na Justiça, Tribunal de Juri é por sorteio, e depois do sorteio há o questionamento quanto a outros quesitos para medir imparcialidade. Comissões uniformes (mesmo quando essa uniformidade é diversa), por mais bem preparadas e intencionadas, distorcem processos de avaliação. Como haverá muitos editais e chamadas públicas pelos próximos anos, um bom caminho seria o credenciamento de pareceristas e composição de comissões julgadoras após processo formativo e aleatoriedade, chamando individualmente os pareceristas. Daí vai se realizado a composição, sem que advinda de grupos fechados previamente.

Quarto: negócio. Não transformem, não permitam, que leis e ideias tão bonitas e generosas, fruto de tanta mobilização voluntária e desprendida, sejam transformadas em negócio. Todo mundo tem direito a trabalho, há pessoas que ajudam muito com sua experiência, atuando como consultores independentes. A todas essas há espaço e necessidade. Mas lembrem-se, quando o dinheiro fica muito concentrado, permitindo escala repetitiva, ambições se sobrepõem a ideais e razão. Pulverizem, desconcentrem. Essa história de uma empresa ou organização da sociedade civil sair vendendo soluções milagrosas e padronizadas pelo país afora, na cultura ou qualquer outra área, nunca deu bom resultado[77]. Quando entra o negócio o bem comum vai sendo afastado. Política pública tem que ser gerida na esfera pública.

Antes que seja tarde, tenham sabedoria e coragem para reverter desvios de rota a provocarem retrocessos. Com a Lei Aldir Blanc 2 não há o problema da ilegalidade na aplicação dos 5% para gestão, porque há previsão no corpo da lei. O problema aqui é de mérito. Essa cláusula deve ser revogada via emenda à lei. Enquanto não for, seria muito bom se gestores aplicassem a integralidade dos recursos nas atividades finalísticas. Estariam dando um bom exemplo de compromisso com a atividade fim da cultura, e evitando aborrecimentos futuros, registro. O problema é de sentido, de falta de clareza conceitual, filosófica e ideológica.

Quando isso acontece se sucumbe à ideologia dominante, neoliberal, competitiva, individualista, agressiva, predadora.

Grão 26 – Por editais mais eficazes, justos e inclusivos

O que é um edital? Uma chamada pública para um concurso. Pela via do edital sempre haverá mais excluídos que contemplados, isso é quantificável. A excessiva editalização da cultura é reflexo de uma abdicação de ações e políticas públicas [que poderiam caminhar] no sentido da emancipação e da universalidade. Conforma-se com a inclusão (ao sistema dominante) via competição e disputa.

Ser incluído (e lutar com unhas e dentes por esse tipo de inclusão) a um sistema de exclusão leva à angústia, frustrações e mais exclusão. E o sonho do oprimido passa a ser o de se transformar em opressor (muitos grandes educadores já disseram isso, mas teimamos em não levar a sério), mesmo sem que essa seja a intenção original. Como essa forma de inclusão segue na lógica da escassez e da competição, a maioria fica de fora, restando o conforto, consolo, em ver que alguns entre os iguais chegaram lá. Esse é o grande segredo de o capitalismo manter-se dominante e hegemônico, pois ele cria a ilusão da inclusão enquanto é sustentado (alimentado) pela exclusão, reproduzindo explorações e opressões. Há caminhos melhores para as políticas públicas, que apontam para a universalização de direitos e não para a administração da exclusão.

Isso significa que deveríamos rejeitar por inteiro a forma edital? De modo algum. Por vezes o edital é uma boa ferramenta para possibilitar acesso público. Como já escrevi, eu formulei e administrei mais de uma centena de editais – o programa Cultura Viva e os Pontos de Cultura tiveram início por esse mecanismo. Mas com a experiência acumulada, hoje poderia ser diferente, registro. Quando se abandona o horizonte emancipatório, articulação em rede e processos colaborativos, edital vira apenas e tão somente uma ferramenta para administrar a competição e a exclusão (repito para dar ênfase). É o que tem ocorrido nos tempos atuais. Não em um ou outro governo específico, mas no conjunto, com as raras e honrosas exceções, que são cada vez mais raras. Virou regra. E nesse caso tenho que fazer o registro, infelizmente o principal promotor dessa cultura da editalização tem sido o Ministério da Cultura, justamente a instituição que mais deveria apontar caminhos alternativos, de vanguarda.

Se o campo da Cultura não enfrentar esse debate de fundo ele será tragado, mastigado e comido por essa arapuca do capitalismo, que Mário de Andrade chamava de "Piaimã, o gigante comedor de gente", também conhecido como Venceslau Pietro Pietra, ou o Regatão, aquele que tudo regateia.

O Brasil está vivendo um paradoxo em política cultural. Por conta da mobilização social que resultou na lei Aldir Blanc, abrindo caminho para LPG e LAB2, o campo da Cultura nunca contou com tanto recurso orçamentário disponível. Com a recriação do MinC, nunca houve tantos cargos disponíveis para a gestão da Cultura. Pelo contexto de o país haver saído de um governo da extrema direita, declaradamente inimigo das artes a da cultura, nunca houve tanto apoio social à recriação de um ministério da cultura e aplicação de políticas para o setor. Por outro lado, em meio a recursos relativamente abundantes (em relação ao que havia), meios de gestão e apoio social, a Política Cultural, a filosofia, os conceitos, se revelam limitados e enredados na arapuca da ideologia do Capital em seu sentido mais cru e selvagem.

Ao reproduzir o senso comum via editalização da cultura, vai acontecendo cada vez mais o distanciamento das Artes e da Cultura de um horizonte emancipatório, impedindo a superação da ordem dominante. Daí o círculo de frustrações e infelicidades até a perda de horizontes, reduzindo a criatividade, capacidade de contestação, e até mesmo sucumbindo em tristeza e niilismo.

Política cultural tem que ir além da mera reprodução de discursos ufanistas e vazios. Bilhões sem sentido não significam nada. Viram pó, mesmo quando boas criações surgem desse pó (sempre haverá). Há disposição para enfrentar esse debate de fundo?

Uma das razões de eu haver escrito esse pequeno livro, disponibilizando meu embornal de sementes para Política Cultural, é essa. Até o momento, percebo que apesar dos incômodos e desconfortos com os rumos, falta disposição para um debate profundo, que se afaste do tecnicismo e disputas vazias pelo poder[78]. As coisas são fortes que de tão fortes, elas formatam, domesticam e coisificam. Só se colhe o que se semeia. Semeemos esperança e abundância. É possível.

Finalizando.

A despeito disso tudo, editais poderiam ser aprimorados, com sentido mais generoso e emancipador, beneficiando muito mais gente. Dinheiro é apenas um recurso e nem é o principal. O que tem que estar bem resolvido é o sentido, a filosofia, tudo mais é decorrência. Vivendo em um sistema que exclui, o máximo que teremos serão frestas e fendas a serem ampliadas. Vamos alargar essas fendas e brechas! A partir dessas frestas e fendas há que saber (e ter coragem) colocar uma cunha, até romper a muralha que as oprime. Esse tem que ser o princípio de qualquer política emancipatória, ir contra a corrente. Quando é possível combinar a ação de "dentro para fora" com a "de fora para dentro" essas mudanças acontecem com mais força e intensidade. Não é o que tem ocorrido. Talvez seja uma das características de nosso tempo, pois vivemos sob uma era do conformismo e acomodação, mesmo quando na aparência de contestação.

Sem delongas, um resumo. Há como melhorar editais na ordem atual. Algumas possibilidades e exemplos:

- Combinar o concorrencial (na menor quantidade de casos, mas há essa dimensão, é preciso reconhecer) com o universal;
- Nem tudo é projeto I. Para as artes visuais, uma solução melhor seria a aquisição de obras expostas, via mostras e salões de arte. Para a música, talvez uma rede de festivais seja mais adequada para alavancar carreiras, descoberta de novos talentos, melhor que a premiação de alguns poucos projetos analisados por uma comissão julgadora de edital, até porque o festival também premia, mas de forma muito mais dinâmica e pública, mediante apresentação da obra pronta, havendo diversas modalidades, com intérprete, arranjo, composição, banda, prêmio de júri e de público, por vezes um projeto não premiado cai no gosto popular por conta da exposição e performance; há muito mais possibilidades que a fria análise de um projeto. Em outras áreas e linguagens também é possível descobrir melhores caminhos, mas para isso é preciso perguntar, conhecer, dialogar;
- Nem tudo é projeto II. Projeto é intenção, importante selecionar intenções. Mas há outras formas, como curadoria. A comissão julgadora em vez de analisar projetos escritos vai aos locais onde o artista e as comunidades estão. Tem que ter perfil curatorial para isso. Analisa a obra sendo feita, o fazer artístico, a ação na comunidade. Daí seleciona, com isso o artista se mantém no fazer artístico, evitando "trabalho morto" no preenchimento de projetos e burocracias que sequer serão contemplados;
- Nem tudo é projeto III. Premiar conjunto da obra. Tem tanta gente boa que faz tantos belos trabalhos sem qualquer reconhecimento ou retribuição. Anos a fio motivados

por uma força interior a fazer arte. Reconheçam esses trabalhos e uma vida;

- Em pequenos municípios não cabe edital. Melhor realizar encontros com as pessoas mais dedicadas à arte, artesanato e cultura e buscar soluções comuns, que contemplem todos, sem competição (isso também pode acontecer com parte dos recursos em municípios maiores). Desburocratizem;
- Em municípios médios e grandes nem tudo precisa ser por edital. Por exemplo, São Paulo tem a Virada Cultural, uma jornada de música e arte por 24 horas no centro da cidade, (também em alguns bairros), com vários palcos, público superior a um milhão de pessoas e custo em dezenas de milhões. Por que não fazer uma Virada em cada uma das 32 subprefeituras da cidade e em semanas alternadas, durante todo o ano? Teria característica de festival ou mostra, selecionando grupos locais que se apresentariam em outras viradas. Ao final, a Virada no centro da cidade. Certamente em cada médio ou grande município haverá possibilidade de solução semelhante. Ou diferente. Saiam do padrão e da forma. Importante é mexer com a mentalidade das cidades ajustada à realidade de cada local;
- Acesso ao parecer. Inadmissível os contemplados, suplentes e desclassificados não terem acesso aos pareceres. Pode-se preservar a identidade do parecerista para evitar pressões e retaliações, mas o conteúdo e a razão de determinada pontuação precisam ser publicizados, esse é um princípio da administração pública. Até para que os proponentes aperfeiçoem seus projetos no futuro ou fundamentem seus recursos. O que não pode é atribuir uma nota e não justificar a razão. Algo óbvio, mas que não está sendo feito;

- Etapas diferenciadas na publicação dos resultados. Primeiro as desclassificações; e tempo para que as pessoas contestem. Depois, a pontuação/ranqueamento; e deixando claro que ela não é absoluta, permitindo recursos. Só ao final seria publicado o resultado definitivo; e ainda assim com oportunidade para recorrer, repito o conselho a gestoras e gestores, sempre guardem uma parte do orçamento, ou busquem mais – a melhor opção –, para o acolhimento de recursos e contestações. Da forma que tem acontecido a publicação de resultados cria-se uma cizânia enorme; os contemplados brigando para que nada seja modificado na pontuação e os excluídos lutando para poderem entrar e torcendo para ultrapassar aquele outrora amigo, agora concorrente, que teve 0,2 a mais na nota de classificação, deixando-o para trás. Isso não é saudável;
- Transformem a modalidade edital. Quando inevitável, que o edital seja uma forma de diálogo público e processual. Não como é hoje, uma porta única que pode abrir ou fechar oportunidades e estímulos;
- Pontuação de parecerista não é absoluta e a técnica na avaliação não é inabalável. Repetindo por necessário repetir. Parecer é uma orientação, tem que haver comissão julgadora que se reúna presencialmente, de posse do conjunto dos pareceres. Cabe à comissão julgadora ponderar notas, avaliar territorialidade, temáticas, complementariedades;
- Categorização em cada temática. Não dá para colocar iniciantes na mesma competição com profissionais de 30/40 anos de carreira. Isso prejudica ambos, ou o julgador prioriza os "novos" e exclui os "velhos" ou o contrário. Ambos merecem espaço e reconhecimento;
- Comissão julgadora tripartite (governo federal, ente federado, sociedade civil)[79]. Antes que se alegue que não há servidores para participarem em todas as comissões

esclareço que indicações não necessariamente precisam ser de funcionários. Importante é o conceito da tripartição, para evitar que um poder se coloque como senhor absoluto da decisão. E absolutamente necessário que o poder popular esteja presente;

- Cabe ao órgão concedente (aquele que transfere o recurso) mediar conflitos e tomar atitude e decisão quando há profunda divergência entre sociedade e ente federado executor. Da forma que tem acontecido os agentes culturais tem ficado na "mão", abandonados, tendo por única opção a judicialização. Governos não podem se eximir de suas responsabilidades, ainda mais quando responsáveis pelo recurso transferido;
- Que seja algo regular, descentralizado, com previsibilidade, de calendário e agilidade na execução.

Além dessas propostas há muito mais possibilidades de aperfeiçoamento, adequações a realidades locais, invenção de formas nem imaginadas e que, de repente, podem se espalhar e servir de exemplo. A regra tem que ser: não uniformizem, saiam do padrão, inventem!

Há características e especificidades na Cultura que já deveriam estar abarcadas na universalidade, sem a necessidade de edital ou competição, por já se constituírem como patrimônio cultural (devendo ser reconhecidas enquanto tal):

- Eventos de calendário (mostra de cinema, salão de artes, dança, etc). Por vezes eventos realizados há décadas. Tem cabimento terem que passar por edital? Um evento novo pode ser, mas um evento consolidado tem que receber apoio de forma permanente, aprovada em plano e conselho de cultura;
- Corpos artísticos estáveis (banda, grupo de teatro, orquestra, companhia de dança). A depender do município ou

estado define-se um tempo de atividade regular, critérios a serem preenchidos. Uma corporação musical com cem anos de atividade tocando no coreto da cidade, precisa de edital para ser selecionada? Ou um grupo de teatro com 20, 30, 40 anos de funcionamento regular? Vamos construir no Brasil uma política cultural que abarque o financiamento regular e permanente de corpos artísticos estáveis e independentes, de uma orquestra sinfônica ou de câmara ou companhia de dança, bandas, fanfarras e grupos de dança e teatro. Há tantos espalhados por esse país, tão bonitos e comprometidos;

- Ponto de Cultura. Quando o programa foi lançado há vinte anos era necessário fazê-lo por edital, o conceito ainda não tinha sido absorvido. Agora não mais. Ponto de Cultura é um ponto de mediação na relação Estado/Sociedade a partir das artes e cultura, tendo funcionamento regular (mínimo entre 2/3 anos) e acesso público tem que ser reconhecido e apoiado. É um conceito que vai além de um grupo fechado ou projeto. Em muitos municípios só há um Ponto de Cultura ou dois que preencham esses requisitos mínimos. Não há porque competirem entre si. Em municípios maiores, a solução são redes de Pontos. Importantíssimo: que o valor seja igual para todos, por favor, não criem distinção entre Pontos, até porque há as categorias Pontinho e Pontão, com atribuições distintas e recursos idem;
- Espaços culturais Independentes. Um pequeno teatro mantido com sacrifício. Uma livraria ou sebo com atividades regulares de cultura; vamos incentivar as livrarias no país, livreiros são orientadores de leitura. Uma ocupação cultural, um território de identidade. Não são tantos por município, é possível estabelecer políticas de fomento adequadas a todos;

- Comunicação cultural. Uma revista, TV ou rádio comunitária. Meios de difusão e comunicação são cultura, que recebam apoio de forma regular, até porque complementares, com isso se dá solução a um grande gargalo na cultura que é a difusão em larga escala;
- Bens tombados do patrimônio material e imaterial. Se assim foi, já houve a seleção para definir o que é patrimônio cultural, seja em um conselho municipal, estadual ou no Iphan (Instituto do Patrimônio Histórico e Artístico Nacional), que sejam apoiados diretamente, sem a necessidade de concorrência, deixando a definição para esses conselhos.

Não é certo ficar preso na editalização como dogma, uma regrinha pra cá, outra lá, uma cota (cotas são necessárias, mas insuficientes), uma verba a mais para um, menos para o segundo, nada para o terceiro. Nesse ritmo a Cultura não vai sair do lugar e jamais ocupará seu papel de força motriz para uma nova consciência. Esse enredamento neoliberal dos editais como solução única precisa ser desenredado. Tenhamos pela vida e a cultura um interesse ávido "...que busca compreende-la sentindo-a muito. Amo tudo, animo tudo, empresto humanidade a tudo, aos homens e às pedras, às almas e às máquinas, para aumentar como isso a minha personalidade"[80]. É preciso sair da cultura da escassez para praticar a cultura da dádiva e da abundância, tal qual a natureza. Compreender e sentir muito até acordar.

Grão 27 – Por um Estado de Novo Tipo: obdencial e ampliado

> *"O povo manda, o governo obedece!"*
> (palavra de ordem zapatista)

Antes de conceituar a filosofia da Cultura Viva e implementar o programa com os Pontos de Cultura eu estive um tempo em Chiapas, México. Pude conhecer comunidades autônomas e analisar seus processos, êxitos e insuficiências. Regressei em 2019 e pude complementar minha análise sobre a dinâmica social em Chiapas. *"O povo manda, o governo obedece"* expressa o princípio fundamental da soberania popular: a autonomia e autogoverno[81]. A afirmação do Poder Popular no reconhecimento de que o poder e autoridade originárias devem residir nas mãos do povo e não dos aparatos de Estado. *"Mandar obedecendo"*, ser firme com os poderosos e humilde com os humildes. Essa regra deveria (e pode) estar sempre presente no exercício de governo mesmo sob a ordem capitalista dominante, como regra para aqueles que, a partir de brechas no aparato do Estado[82] buscam uma perspectiva emancipatória ou de transformação reformista. Sintetizo essa forma de exercício do poder popular delegado em quatro princípios:

1. *Autonomia.* Via criação e manutenção de estruturas de autogoverno nas comunidades, compartilhando decisões políticas, econômicas e sociais de forma coletiva e democrática;
2. *Descentralização do Poder.* O Estado é uma abstração; abstração concreta, no entanto. Ele se impõe pela transferência (coerciva ou voluntária) de poder e pelo hermetismo. A partir dessa transferência o Estado, no lugar de reconhecer o povo como única fonte de soberani – poder originário – , impõe suas vontades e obediência a quem deveria servir. Descentralizar o poder é a única forma de impedir o sequestro do poder;
3. *O governar obedecendo é mais que uma palavra de ordem.* É um princípio para o exercício do poder delegado (no

Estado e em quaisquer outras formas de representação). Governos devem servir aos seus povos, jamais servir-se[83];

4. *Crítica ao capitalismo, sobretudo em sua etapa neoliberal*, podendo ser alterada para fascismo tecnofeudal (em substituição à falência do neoliberalismo, que se aproxima). Essa crítica precisa apresentar por princípio a defesa do Bem Comum, não o egoísmo e as ganâncias travestidas das ideias de "livre mercado", privatização e monopólios.

Políticas culturais que não desafiam estruturas e poderes tradicionais estão fadadas a reproduzir processos de distinção, coerção e opressão. Mesmo quando embaladas em discursos inclusivos aparentemente bem intencionados. É necessário desafiar estruturas políticas constituídas para a manutenção do poder nas mãos dos "Donos do Poder"[84], dos de sempre. Políticas Culturais não conformistas, com sentido transformador, devem buscar promover formas alternativas de governança e organização social, com primazia para a organização popular, a igualdade e o respeito aos direitos culturais, territoriais e sociais dos povos. Devem sempre fazer um convite à imaginação de futuros alentadores e irem além do senso comum[85]. Um Estado de Novo Tipo tem que ser uma expressão poderosa a resumir ideais de autodeterminação, criatividade, governança democrática e Bem Viver[86].

Essa visão e compromisso já estava explicitada quando da formulação do programa Cultura Viva. Tomo a liberdade em reproduzir trechos de texto escrito por mim em 2004, "Desescondendo o Brasil profundo", para o catálogo de apresentação do programa[87]:

> *"Ao mesmo tempo em que olhamos para o Brasil e encontramos criatividade e solidariedade, defrontamo-nos com iniquidade, injustiças, maus cheiros, maus tratos... Milhões habitando periferias,*

favelas e cortiços; outros tantos em municípios desassistidos; trabalhadores sem emprego; camponeses sem terra; famílias sem teto; jovens sem perspectiva de futuro; estudantes sem ensino de qualidade; indígenas sem direitos; um povo mestiço mas sem igualdade racial; os esquecidos; os desvalidos...Os sem Estado.

O Cultura Viva deseja contribuir para essa aproximação, em busca de um Estado Ampliado. [...]

A rede Cultura Viva deve ser maleável, menos impositiva na sua forma de interagir com a realidade, e por isso ágil e tolerante como um organismo vivo. O objetivo é fazer a interação dos Pontos em uma rede global que aconteça a partir das necessidades e ações locais. [...] Tal modo de pactuar com a sociedade foi definido como Gestão Compartilhada e Transformadora e envolve os conceitos de empoderamento, autonomia e protagonismo social."

O conjunto de pensamentos (*Grãos*) que apresento nessa Sementeira está banhado desses princípios. Ofereço-os nesse livro da mesma forma que faria um velho agricultor que foi aperfeiçoando suas sementes guardadas em uma lata ou embornal, e agora as entrega a quem queira prosseguir com a plantação.

Cultura como autocultivo. Emancipação humana como fim. Para que esse objetivo aconteça é necessário um Estado de Novo Tipo. Abdicar dessa reflexão e ação é se render. A quem escolher esse caminho e tiver a oportunidade de ocupar funções no Estado, mesmo que por pouco tempo, um alerta: preparem-se para todo tipo de incompreensão e impedimentos.

Por outro lado, em 2019 eu regressei a Chiapas e pude constatar os limites de uma opção concentrada apenas na autonomia de base sem interação e disputa para modificar o caráter do Estado. A despeito dos êxitos com a autonomia nas Vilas Zapatistas, Chiapas continua sendo um dos estados mais pobres do país, vi e senti desalento em San Cristóbal de las Casas, uma das mais antigas cidades coloniais das Américas, remontando ao século XVI. Da poesia e esperança, um lugar com grande mercantilização da vida, turismo predatório, trabalho infantil e pobreza. Renunciar à disputa pelo Estado não foi eficaz para a sustentabilidade de uma nova organização social, que segue bem nas comunidades, mas se revelou insuficiente para alterar o conjunto da sociedade.

O marco conceitual do Cultura Viva bebeu na fonte da autonomia, mas também apontou, desde o início, a necessidade de um Estado Ampliado[88]. Pensar e agir por um Estado de Novo Tipo deveria ser dever daqueles que não se conformam com as injustiças, violências e iniquidades. Acomodar-se jamais. Quando acontece o acomodamento, agentes do Estado, corporações e funcionários públicos de escalões inferiores, inclusive, vão construindo uma lógica que inverte a função do Estado, até que, no lugar de servir, servem-se.

Essa alteração da lógica remonta à prática com os primeiros agrupamentos humanos, quando os primeiros agricultores perceberam que deveriam deslocar parte de seus componentes para o serviço de vigilância de suas plantações de modo a evitar que outros agrupamentos roubassem a colheita tão arduamente cultivada, e com os frutos e grãos ainda na plantação. Daí os que foram deslocados para o serviço de vigilância e segurança passaram a se considerar imprescindíveis em relação aos que trabalhavam de sol a sol na plantação. No lugar de servir passaram a servir-se. E os guerreiros mais fortes e valentes foram ganhando privilégios. Vieram os reis e faraós... E o Estado. Junto a isso, o patriarcado[89]. O fato é que, ou se muda a natureza do Estado, e em decorrência a natureza da organização econômica e modo de produção, instituindo novas e generosas formas de organização social, ou sucumbiremos todos enquanto humanidade.

Para além de expressar um aparato de coerção e dominação, devemos compreender o Estado em abordagem mais abrangente e complexa. O Estado não se limita às instituições governamentais como executivo, parlamento e sistema judicial, ele inclui outras práticas sociais e instituições que desempenham papel crucial na reprodução das relações de poder e ideologias. Seria o campo da sociedade civil, que deve ser observado em dimensões amplas, não somente aquelas tradicionalmente compreendidas enquanto tal. De um lado há o Estado político propriamente dito, mas que imbrica na variedade de instituições e organizações da sociedade (igrejas, escolas, sindicatos, organizações culturais, meios de comunicação, etc.). Essas instituições e movimentos também desempenham relevante papel na disseminação das ideias e valores que sustentam a ordem social dominante.

Conceber e aplicar políticas culturais consistentes é estratégico porque o poder dominante não se mantém apenas pela coerção direta, há o componente do consentimento ativo das classes subalternas. Ideologia e valores das classes dominantes são internalizados pelos mais pobres e subalternizados, mesmo sob condições de maior exclusão e exploração. Até por conta dessas condições. É da lógica de manutenção do sistema dominante impor seus valores de dominação, fazendo com que tudo vá sendo naturalizado e legitimado, percebido como via única. Compreender a dimensão ampliada do Estado significa incluir a sociedade civil, e, importante, para além das instituições e movimentos tradicionais.

O convite exploratório aos Pontos de Cultura no período entre 2004/10 foi nesse sentido, como embriões para novos processos na relação Estado/Sociedade. Não passou de embrião e houve um aborto pós 2011[90]. Os retrocessos havidos desde então, em grande medida, possibilitaram a explosão de monstruosidades e ascensão fascistizante pós 2014. Daí a relevância de analisar processos, causas e consequências para além das estruturas formais de poder, é onde entra a importância da cultura e dos mecanismos não formais de comportamento e consciência social na sustentação e reprodução das relações de dominação e subordinação.

Houvesse apenas um Grão a ser apreendido, eu diria que é esse: atentem à relevância estratégica de Políticas Culturais em sentido transformador e emancipador. Saiam da mesmice. Tenham coragem e preparo para não serem comidos pelo Estado e a lógica de suas instituições de poder.

Premissas para uma crítica social e o erguimento de Estado de Novo Tipo, ampliado e Obdencial[91] :

1. *Colonialismo e Libertação*. A história moderna está permeada por colonialismo e exploração em escala mundializada. A emancipação só será possível com o rompimento dessas estruturas de dominação, econômica, social e cultural. Mentes colonizadas jamais produzirão sociedades livres. Nota necessária: isso não significa prescindir de perspectivas críticas e engajadas venham de onde vierem;
2. *Exploração e marginalização*. Desenvolvimento econômico moderno está intimamente interligado com a exploração e marginalização de povos inteiros, de genocídios ao holocausto da escravidão, de explorações e destruição sobre a natureza e pessoas. Esse modelo está levando a humanidade ao colapso;
3. *Poder e Exclusão*. O poder político hegemônico tem sido usado para excluir e oprimir. Chegou a hora de pensar e praticar o contrapoder;
4. *Ética da Libertação e Bem Viver*. Sem uma ética profunda, pautada na libertação e no Bem Viver, que confronte as injustiças históricas e estruturais não há cultura transformadora, muito menos emancipação social;
5. *Decolonialidade*[92] no sentido de que a despeito de a colonização política formal haver sido superada com as independências de há dois séculos, nos países colonizados

perdura colonialidade mental, reforçando estruturas de poder e dominação econômica, social, cultural e polícia;

6. *Crítica à Globalização*, incorporando pensamento do grande Milton Santos. Ao dividir o mundo conforme especialidades e fornecimento de bens, serviços e matérias primas (ou commodities) a globalização agrava desigualdades e opressões. Lutemos por uma outra globalização e pela cidadania planetária;
7. *Emancipação e Transformação*. Sem a emancipação dos povos oprimidos e marginalizados, sem o fim da exploração e a transformação das estruturas políticas e econômicas em sentido profundo, a vida não vale a pena.

Antes de concluir transcrevo um pensamento de Enrique Dussel, e o lanço como reflexão em aberto a aperfeiçoar esse Grão:

> *"O poder político não se toma (como quando se diz: "Intentaremos por uma revolução a tomada do poder do Estado!"). O poder tem sempre e somente o povo. O povo é detentor do poder embora seja debilitado, acossado, intimidado de maneira a não poder expressar-se. O que ostenta a força bruta, a violência, o exercício do domínio despótico ou aparentemente legítimo é um poder fetichizado, desnaturalizado, espúrio. Embora se chame poder, consiste em seu contrário, em uma violência destruidora do político como tal."*[93]

A vida não vale a pena se não for para ser vivida em uma existência generosa e dadivosa. A humanidade se fez em colaboração e solidariedade. Não foi em egoísmo e competição, conforme o poder dominante nos faz crer. Não houvesse consciência grupal solidária, os grupos humanos sequer teriam sobrevivido porque não haveria quem cuidasse daquele que ficou doente ou quebrou a perna. Fossemos amontoados de indivíduos sem relação social, nem linguagem haveria, nem arte ou cultura. A despeito de todas as explorações, opressões e violências, que foram e são muitas, a humanidade se fez na solidariedade, na reciprocidade e no respeito ao próximo. Somos fruto do amor. Se não for para cultivar a *potentia*, o poder interior de agir e transformar o mundo que o povo tem como capacidade inerente de soberania, a política cultural não terá sentido libertador. Que amorosa, justa, criativa e corajosa seja a política cultural que se pretenda libertadora e emancipadora.

Grão 28 – São muitos os Grãos I: Arte

Arte é uma *Obra Aberta*[94]. É um processo de comunicação que envolve tanto o criador/artista quanto o receptor (público, leitor ou ouvinte). Não é um objeto físico ou uma composição, Arte é o assombro, a capacidade de tocar e transportar o Outro para realidades jamais imaginadas. Arte é o lugar de fala[95] da alteridade. Pela arte experimentamos emoções e realidades que talvez nunca vivenciaríamos. Mais que refletir é o sentir. A obra se torna arte quando interpretada e recebida por outrem, mesmo quando esse outrem esteja a milhares de anos de distância. O outro que pintou e o outro que admira as pinturas rupestres na Serra da Capivara, no Piauí, e lá encontra a beleza do beijo atravessando o tempo.

O significado da arte não é fixo nem definitivo, é polissêmico. O que faz sentido para um pode não fazer sentido para outro. Uma obra de arte permite múltiplas interpretações e é influenciada pelas experiências individuais e pelo contexto cultural. Uma obra de arte, quando profunda, arranca lágrimas ou sorrisos mesmo sem que as pessoas saibam a razão. É quando ela terá promovido uma ação comunicativa. Arte é conexão. É bela quando exprime verdade, mesmo sendo rude ou feia. É verdadeira porque ativa todos os sentidos e inteligências de quem é tocado por ela, razão e emoção.

Arte também é uma expressão cultural que reflete as condições materiais, nível de consciência e condições de vida da sociedade que a produz. Não existe no vazio, estando intrinsecamente ligada às estruturas de seu tempo. Tem função ideológica, mesmo quando imperceptível e aparentemente desprovida de intenção. Tanto pode reforçar como questionar as ideias dominantes. Neste sentido reflete as lutas e contradições dentro de uma sociedade, cabendo aos artistas a decisão se adotarão papel ativo nos processos sociais pela transformação ou pela submissão à ordem dominante. Depende de compromisso ético. Pode se conformar com um mundo de injustiça e opressões ou pode mudar o mundo com liberdade, força e invenção. A quem lê essas linhas, um apelo: mudem o mundo e realizem política cultural como se estivessem fazendo Arte!

Grão 29 – São muitos os Grãos II: Cultura e Comunicação

Cultura só se realiza quando comunicada. Uma comunicação só acontece quando transmite cultura. São irmãs, siamesas até. Sempre tive a ideia de que o mais adequado para políticas culturais e de comunicação seria coloca-las sob um só ministério ou secretaria – ao menos mantendo políticas que trilhassem em mesma direção. Normalmente não é o que ocorre em governos. A comunicação caminha em uma direção e a cultura em outra. Com isso a comunicação vai sendo apropriada por grupos de comunicação hegemônicos, cuja captura jamais poderia ser permitida; ou restringe em questões de infraestrutura e regras de concessão e regulação, além da comunicação (e publicidade) de ações de governo. E a cultura vai se circunscrevendo a guetos, fora do alcance em larga escala. É quando a comunicação vira coisa, mercadoria vulgar.

Recordo de um Ponto de Cultura em Heliópolis, cuja proposta era a manutenção de uma rádio comunitária na favela[96]. Aprovamos o projeto, liberamos o recurso e eles compraram o equipamento, melhorando o alcance e serviços da rádio. Semanas depois a rádio foi fechada pela polícia federal por ordem do ministério das comunicações porque ainda não havia obtido outorga definitiva para operar, mesmo em raio de ação circunscrito ao território da favela e adjacências. Eu tive um trabalho enorme para reverter a situação, meses para esclarecer a situação. Garantindo outorga provisória foi possível recuperar o equipamento. Uma rádio com trabalho belíssimo e de profunda relevância, que perdura para além do período em que foi impulsionada como Ponto de Cultura; durante a pandemia de Covid-19 teve trabalho de excepcional relevância, e segue. Percebam, mesmo sob um governo de orientação popular e progressista, o caráter do Estado é tão hermético e fechado, que sequer admite uma rádio para populações faveladas. É um amordaçamento pela estrutura do Estado posta à serviço das classes dominantes, independente, até mesmo, da vontade do governo de plantão. No caso específico foi possível reverter, mas quantos amordaçamentos não têm havido e seguem acontecendo?

Cultura e comunicação são intrinsecamente ligadas, sobretudo pela forma com que símbolos, signos e linguagem moldam nossa compreensão de mundo e como nos relacionamos uns com os outros. Como sistema de signos a linguagem não apenas descreve a realidade, mas a constrói. O fenômeno da dissonância cognitiva que tem aturdido o mundo em tempo de redes sociais é expressão disso. O que é real deixa de sê-lo e ilusões se consolidam como reais por conta da explosão semiótica provocada pela manipulação algorítmica. Bilhões de bombas explodindo a cada minuto, desfazendo noções de ética e realidade. A censura algorítmica imposta pelas grandes empresas de redes sociais é uma das maiores ameaças a uma humanidade minimamente livre, é a antessala de um totalitarismo jamais imaginado. Não basta apenas regular, há que compreender a natureza desse mundo totalitário travestido de "liberdade de expressão". E produzir a vacina.

Roland Barthes apontou que Mitos Comunicacionais transmitem a ideologia dominante na sociedade via publicidade, entretenimento e produtos culturais de massa. Mitos a construírem narrativas que legitimam e naturalizam crenças e práticas que operam através de símbolos e linguagem, passando a ser aceitos como verdades comuns. Decodificando os produtos culturais, tratando-os como "texto" seria possível analisar os produtos culturais, todos, incluindo os Mitos Comunicacionais e as bombas semióticas, como textos que desvelam significados mais profundos por meio de suas estruturas simbólicas e discursivas.

Com o Cultura Viva, ao final do período em que eu estava como secretário da cidadania cultural, estimulamos os Pontos de Mídia Livre. Ainda em pequena escala, não mais que uma centena no Brasil, mas que já foi possível perceber o efeito positivo para o desarmamento dos mitos e bombas comunicacionais[97]. Experimentamos de diversas formas, de Rádios e TVs Comunitárias a mensagens transmitidas em papel para embrulhar pão. O objetivo foi estimular o ato de interpretação ativa por parte do receptor. Os textos culturais são sempre abertos a múltiplas interpretações, influenciadas pelo contexto do leitor/receptor, com o Ponto de Mídia Livre oferecemos mais uma ferramenta a auxiliar na leitura desses textos.

Grosso modo, todo Ponto de Cultura deveria funcionar nessa função, mas a especificidade do Ponto de Mídia Livre agrega massa crítica, trabalho e experiência comunicacional. Por uma abordagem crítica, na escala possível, inclusive utilizando as ferramentas do pré-totalismo/manipulação algorítmica das redes sociais é possível descontruir discursos dominantes, revelando suas limitações e interesses. Isso se faz expondo as ideologias subjacentes e as relações culturais por trás dos Mitos Comunicacionais reproduzidos enquanto texto cultural incorporado no senso comum. É uma arena complexa, donde é preciso ter escala e dar prioridade (prioridade conceitual e de estrutura) ao campo da comunicação e sua intersecção com a cultura.

Em comunicação direta, medidas urgentes urgentíssimas[98]:

- Sistema Público de Comunicação. Não estatal e sim público, com autonomia e fonte regular e suficiente de recursos, produzindo programação própria de qualidade e com possibilidade de distribuição e alcance. Existe a EBC[99], criada sob o governo Lula, importante iniciativa, mas ainda não priorizada; pós 2022 quase sucateada e sob o governo da extrema direita, tomada de assalto para a publicidade governamental mais reles e vulgar. Deveria ter atenção redobrada, antenas para chegar em todos os lares, recursos para programação consistente e marco legal para garantir a autonomia, a exemplo das universidades, ou da BBC na Inglaterra e outras emissoras públicas em demais países. Da EBC ao conjunto da comunicação educativa e pública nos estados e universidades, funcionando como rede. Algo óbvio, mas que não se faz;
- Municípios também devem ter seus sistemas locais de comunicação pública. Nos maiores, emissora de TV e rádio, vinculadas à rede de emissoras públicas. Mas mesmo em pequenos municípios, que funcionem como emissoras via internet, promovendo integração com a comunicação comunitária, igualmente sob o mesmo princípio da comunicação pública não governamental;
- Comunicação Comunitária. É preciso ter um programa de financiamento à comunicação comunitária (rádio e tv), não via recurso de propaganda e patrocínio de governos, o que sempre irá gerar dependência, mas comunitária como direito social básico, sob recursos públicos regulares,

tanto para TV e rádios comunitárias como outros meios, via Pontos de Mídia Livre;

- Comunicação via redes sociais. Há que desenvolver formas próprias de comunicação, arte e aprendizagem na linguagem das redes sociais. Não memes e piadas no estilo usual de grande parte das redes, mas produtos novos, próprios, podcasts, audiosséries, carrosséis para apresentação de conceitos, vídeos curtos e microvídeos sobre temáticas diversas, microaulas, enfim, tudo que a criatividade for capaz de inventar com ludicidade, beleza e profundidade[100].

Ou será assim, ou o mundo sucumbirá sob o totalitarismo tecnofeudal das BigTechs. A regulação, sem dúvida, é necessária e urgente, mas será sempre insuficiente porque os avanços tecnológicos e a censura algorítmica irão correr em velocidade maior, driblando regras construídas a partir de referências do passado. Para além das regras e regulamentação legal é preciso criar um forte contrapoder comunicacional a expressar a *potentia* humana. Não os temores, e horrores e feiuras, tão bem explorados pelas manipulações e censuras dos algoritmos, mas a beleza, a coragem, a potência, a força e a energia. Comunicação como potência para uma humanidade verdadeiramente livre e emancipada. Está aí uma boa vacina.

Grão 30 – São muitos Grãos III: Audiovisual

Audiovisual é indústria, artesanato e arte.

Indiscutivelmente é uma indústria poderosa e em constante crescimento e relevância. Envolve um vasto sistema econômico e comercial que vai desde a faísca de uma ideia até a distribuição e exibição de conteúdos e correlatos, gera empregos em larga escala e movimenta bilhões em investimentos e receitas[101]. A indústria brasileira do audiovisual envolve aproximadamente 18 mil empresas registradas na Agência Nacional do Cinema (ANCINE), gera mais de 650 mil postos de trabalho e movimenta uma receita de R$ 60 bilhões anuais que geram aproximadamente R$ 7 bilhões em tributos[102]. É uma indústria que contribui significativamente para a economia global e dos países, a depender da política adotada em cada país. Quando não há, ou a política é ineficaz, o país se enreda em subdesenvolvimento e despertencimento, como se vivesse em uma casa com espelho quebrado. Audiovisual envolve estúdios e produtoras, distribuidores, emissoras de televisão, redes de cinema, empresas de tecnologia e games. Como indústria, é altamente competitivo e visa lucro, sendo moldado pela viabilidade comercial e de retorno financeiro, o que também define decisões criativas e de produção.

Audiovisual é também artesanato meticuloso, altamente técnico e envolve diversas habilidades (direção, roteiro, captação de imagens, pesquisa, produção de cena, atrizes e atores, compositores e músicos, efeitos visuais, figurino, maquiagem, cenários, etc.). Um produto audiovisual completo exige um processo colaborativo complexo, gerenciamento de equipe, talentos diversificados, atenção a detalhes, refinamento... É como um bordado, só que feito a muitas mãos, com materialidade e imatéria. Para criar experiências audiovisuais envolventes e significativas o cineasta tem que ser um artesão, os demais colaboradores também.

Audiovisual é Arte. Arte poderosa e envolvente. Também pode não ser. Produtos audiovisuais tem o poder de transmitir emoções profundas, êxtase, maravilhamento, podem explorar questões humanas universais a partir da história de uma só pessoa. Quem nunca se emocionou assistindo um filme? Ou deu boas risadas? É uma arte que pode entreter, mas também provocar reflexões sobre a condição humana. Na dimensão Arte carrega espaço para a autoralidade, permitindo que cineastas, roteiristas, atrizes e atores, diretores de arte e fotografia, compositores de trilha sonora, enfim, todos os trabalhos criativos, possam se expressar. Sob a batuta do diretor, é claro; também do produtor e das condicionalidades comerciais, que podem castrar ou liberar a expressão artística. Audiovisual, quando alcança a dimensão artística, desafia e inspira o público e combina experiências sensoriais, reflexivas e estéticas.

Audiovisual é uma forma de expressão complexa e multifacetada que há mais de um século envolve, molda e reflete a sociedade. Na dimensão industrial também contribui para a padronização e homogeneização criando bens de consumo que mantém e reforçam as relações de poder existente; lança moda, vende produtos e modos de ser e pensar. Desnecessário citar o *american way of life* espalhado ao mundo por conta da mais poderosa indústria do audiovisual. É uma indústria estratégica e questão de soberania nacional. Descuidar do audiovisual é até mais perigoso que descuidar da defesa territorial de um país, porque o audiovisual penetra nas almas, sentimentos e maneiras de ser dos povos. Transmitindo mensagens padronizadoras de gostos e opiniões, pelo audiovisual se atravessa fronteiras, oceanos e paredes.

A despeito dos marcos regulatórios, sistema de financiamento (CONDECINE, Fundo Setorial do Audiovisual) e gestão (ANCINE), ainda falta muito para afirmar que o Brasil possui uma consistente política para o audiovisual. Sequer uma compreensão profunda da importância estratégica de a nação apoiar e valorizar essa importante dimensão da economia, cultura e sociedade contemporânea. É como se o Brasil enfrentasse uma invasão permanente de exércitos, com o despejo de petardos e torpedos. Segundo dados da ANCINE, para um público pagante de 114 milhões de pessoas nos cinemas em 2023, apenas 3,7 milhões foram para filmes brasileiros, 3,5% do total. Enquanto filmes estrangeiros, notadamente estadunidenses, arrecadaram R$ 2,170 bilhões, o cinema nacional arrecadou R$ 67 milhões.

Algo de muito errado está acontecendo na política brasileira para o audiovisual e não é na quantidade de produções e lançamentos, que até alcançaram um percentual razoável, 38,8% do total de filmes lançados (264 lançamentos estrangeiros para 161 lançamentos brasileiros). Já houve situações melhores, sem dúvida, e certamente haverá nos próximos anos, mas cabe um aprimoramento da Política Cultural para o setor, que seja urgente e consistente para a reversão sustentável desse quadro.

A primeira e mais necessária medida é uma regulação efetiva e justa para o vídeo sob demanda (serviços de *streaming* ou VoD), tanto por assinatura (*Netflix, etc)*, como plataformas de compartilhamento (*YouTube* e redes sociais). Está em tramitação no senado o PL 2.332/22 que regulamenta o VoD, medida necessária, mas tal qual proposto, insuficiente e bastante limitada. O Brasil é o segundo mercado de vídeo sob demanda no mundo, a despeito disso raras são as produções brasileiras bancadas por essas empresas de serviços de assinaturas, bem como limitadas as formas de divulgação e distribuição dessas produções, visivelmente inferiores a países com menor público e impacto econômico no consumo dessas plataformas. Um modo de ajustar é a definição de um investimento mínimo em produções nacionais via CONDECINE (Contribuição ao Desenvolvimento da Indústria Cinematográfica).

CONDECINE é uma engenhosa forma de recolhimento de recursos gerados pelo audiovisual e que reverte exclusivamente na atividade audiovisual. O valor é recolhido ao Fundo Setorial do Audiovisual, havendo a possibilidade de as empresas destinarem 60% do total para investimento em produções próprias, o que é uma boa medida, porque estimula a indústria no giro de sua própria atividade, sob critérios próprios e evitando interferências outras. No momento em que escrevo esse ensaio (maio de 2024) tramita no Congresso Nacional o projeto de lei 8889/2017, que propõe uma estrutura de contribuição justa, estabelecendo uma contribuição mínima para as plataformas de streaming. O valor é de apenas 6% do faturamento, sendo que 60% desse percentual pode ser aplicado diretamente pelas empresas, ampliando o conteúdo nacional em seus catálogos. Particularmente penso que o percentual deveria ser maior, mas para início pode ser razoável.

É uma medida que assegura defesas para permanência e ampliação da indústria brasileira, garantindo que o consumidor brasileiro se veja nessas plataformas e receba conteúdo de qualidade e multiplicidade de visões, com liberdade de escolha e que reflita a rica diversidade cultural brasileira. Medida indispensável para a consolidação da industrial do audiovisual em qualquer país e inclui ampla gama de pequenas e médias empresas distribuídas por todas as unidades da federação. É o mínimo para uma relação saudável entre os interesses nacionais e as grandes empresas de plataforma de audiovisual. Lei estratégica que possibilitará um impulso no audiovisual brasileiro, e utilizando recursos unicamente advindos do setor, o que revela um bom modelo de financiamento.

Outra medida, que deveria ser de iniciativa do governo federal é a devolução dos recursos do FSA (Fundo Setorial do Audiovisual) aplicados na execução da Lei Paulo Gustavo[103]. Foram valores de R$ 2,8 bilhões. É certo que corretamente aplicados na atividade do audiovisual, também certo que se não tivesse havido a destinação para a cultura, também tramitava uma outra lei no Congresso Nacional, de autoria do governo federal da época, e que retirava todos os saldos constantes nos Fundos Nacionais (FNC incluso) para destiná-los ao chamado equilíbrio fiscal. Seria uma queima de dinheiro, sem qualquer destinação efetiva. A Lei Paulo Gustavo teve o mérito de dar bom uso ao recurso conforme as condições do momento. Porém, sob uma lógica emergencial e distributiva pulverizada. Seguramente boas aplicações e bons produtos audiovisuais sairão daí, no entanto fora da lógica industrial que a atividade audiovisual requer.

Os recursos que estavam contingenciados no FNC eram resultado de mais de uma década de retenção de recursos captados para a atividade do audiovisual, mas que não haviam sido liberados para investimento em anos anteriores; igualmente sob a lógica do equilíbrio fiscal ao longo desses anos. Não se trata de uma crítica à lei Paulo Gustavo, ao contrário, porque dentro do contexto em que foi apresentada ela fez sentido e a parte de recursos arrecadados pelo audiovisual teve por destino a atividade. A despeito disso o resultado foi uma descapitalização do Fundo Setorial do Audiovisual, deixando-o sem recursos significativos para a retomada das atividades em condições de normalidade econômica, sem o contexto de pandemia. O correto, do ponto de vista de consistência em política cultural, e sem que isso signifique nenhuma crítica à lei Paulo Gustavo, é o Estado brasileiro, por decisão política própria, em reconhecimento à importância estratégica do audiovisual, recompor os R$ 2,8 bilhões ao Fundo Setorial do Audiovisual. Essa recomposição poderia vir em parcelas, por três anos, até para garantir um fluxo mais permanente e estável. Seria uma contribuição verdadeira para impulsionar o audiovisual brasileiro.

Se não houver um entendimento do audiovisual em suas especificidades de indústria, jamais a política para o audiovisual brasileiro irá avançar e conseguir competir com polos globais da indústria audiovisual. Temos que aprender com exemplos externos, como políticas europeias, Coreia do Sul, Argentina..., conhecendo, replicando e aperfeiçoando políticas exitosas para o audiovisual. No Brasil há espaço para diversos polos criativos,

Há um conjunto de outras medidas que poderiam balizar melhor uma avançada e consistente política para o audiovisual. Desenvolvimento de projetos e roteiro, política para "*games*", mais investimento em lançamentos, distribuição e difusão. Temáticas a promoveram a redescoberta do Brasil pela história e personagens. Tantas histórias apagadas e esquecidas. Nossa literatura, contemporânea, clássica, popular, de rua, dos subterrâneos da liberdade. Temas não nos faltam.

Uma boa política para o audiovisual, desafia e perturba, leva o povo a ver o rosto no espelho, provoca processos reflexivos ou de puro entretenimento. Funde reflexão com entretenimento, provoca encantamento, amplia a experiência estética, incorpora singularidades e diversidades. A cultura de massa não é sempre nociva, como os pensadores da Escola de Frankfurt imaginaram. Ainda mais quando nas características do audiovisual, por colada não somente na dimensão industrial, como na artesanal e artística. Assim ela consegue adaptar e incorporar diferentes perspectivas e estilos. Promove educação e consumo crítico com alcance de massa, que na maioria dos outros campos da arte não seria possível na escala que o audiovisual proporciona. Reconhecer a relevância do audiovisual e sua dimensão estratégica contribui para a educação popular de massa possibilitando que o público consiga discernir entre diferentes tipos de produções e construções da realidade, promove experiências estéticas profundas, mergulho em sensações e sentimentos, desvela histórias, decodifica mensagens, intenções e implicações. Nos faz voar.

Grão 31 – São muitos Grãos IV: Cultura Digital

Na primeira década do século XXI o Brasil foi referência e vanguarda mundial em cultura digital e software livre, como em nenhum outro país. A ação da cultura digital esteve presente desde o primeiro dia. Antes do lançamento da primeira chamada para Pontos de Cultura, quando minha nomeação como secretário no Ministério da Cultura nem havia sido publicada no Diário Oficial da União, participei de uma reunião no apartamento de Cláudio Prado[104] com ativistas de software livre e novas tecnologias. Dessa reunião saiu a decisão de assegurar um kit multimídia para cada Ponto de Cultura. Colocamos os meios de produção nas mãos de quem produz. Cada qual com meios para registrar suas imagens e memórias, gravar e difundir suas músicas, produzir seus filmes e programas, compartilhar ideias com outros Pontos. Tudo em software livre.

Ferramentas carregam a ideologia de quem as elabora e moldam a mente de quem as utiliza. Software livre enquanto princípio do Comum, do bem de todos, da generosidade intelectual, do trabalho compartilhado e colaborativo, da distribuição igualitária dos resultados. A ideia de igualdade, liberdade e diversidade, como plataforma para conhecimentos distribuídos e compartilhados. Dessa pequena reunião muito foi feito, de Oficinas de Metarreciclagem aproveitando sucata eletrônica para a criação de novas máquinas a desenvolvimento de software livre e plataformas.

Vou repetir: na primeira década do século XXI o Brasil foi vanguarda mundial em cultura digital, referência para ativistas e pensadores em todo o mundo. Na época (2004) não havia programa em software livre para edição de áudio e música. Colaboradores do mundo todo, hackers anônimos, nos ajudaram a desenvolver. Assim distribuímos os estúdios multimídia aos Pontos de Cultura. Abaixo, texto que escrevi para o catálogo de apresentação do programa Cultura Viva, publicado logo após a seleção dos primeiros Pontos de Cultura:

> *"Com a Cultura Digital as comunidades poderão gravar sua própria imagem, como acontece com o Ponto de Cultura Vídeo nas Aldeias, com os povos Ashaninka e Kaxinawá, no estado do Acre, em que há uma inversão no tradicional processo de registro da imagem audiovisual das manifestações populares. Ao invés de serem filmados por um olhar externo, os índios são capacitados para utilizar uma câmera de filmagem, fazer roteiros e edição, e assim se apresentarem por eles mesmos. Outro Ponto de Cultura, Thydewá*

– índios online, apresenta um processo semelhante, interligando em rede os índios do nordeste brasileiro, principalmente nos estados da Bahia e Alagoas; as comunidades estão sendo capacitadas para produzir a sua página na internet, criando um sistema de comunicação próprio, fortalecendo seu protagonismo.

Com a Cultura Digital cada Ponto recebe um estúdio multimídia. Nada sofisticado, quase caseiro (mesa com dois canais de áudio, filmadora e gravador digital e dois computadores que funcionam como ilha de edição), mas que permite gravar um CD, produzir um vídeo, colocar uma rádio no ar e uma página na internet, tudo com programas em software livre. O equipamento digital deixa de ser apenas um meio, uma ferramenta, e passa a ser entendido em sua dimensão filosófica, por isso o tratamos como cultura. [...]

A manipulação destas tecnologias em software livre assume uma dimensão estratégica, não pela questão dos custos dos programas, o que já seria justificável, mas pelo conceito. Operar em software livre significa que o código fonte dos programas estará aberto, podendo ser modificado e melhorado por toda comunidade que o utiliza. Isto é autonomia, poder. Ao contrário de capacitar as pessoas apenas para aprender a "mexer" nos programas, tornando-as escravas da máquina (e dos donos dos programas), pretendemos que nos Pontos de Cultura elas se desenvolvam como sujeitos de sua própria transformação. O software livre traz consigo conceitos e práticas de compartilhamento tecnológico, generosidade intelectual e trabalho colaborativo, estabelecendo um novo patamar de vida social."[105]

Cultura digital a dar meios e filosofia para a composição de narrativas a partir dos sujeitos, desde "abaixo", polifônica[106]. Enquanto eu estive como Secretário da Cidadania Cultural foram realizadas 82 Oficinas de Conhecimentos Livres por todo Brasil, em quilombos, aldeias indígenas, pequenos municípios, periferias, favelas e assentamentos rurais. Pela ousadia atraímos a atenção de redes de colaboração hacker ao redor do planeta. A despeito de ter havido um desmonte abrupto na Ação de Cultura Digital no Ministério da Cultura, logo no 1º de janeiro de 2011, quando as licenças em Creative Commons foram retiradas do site do ministério em um efeito simbólico, e tudo mais foi interrompido, a influência brasileira em Cultura Digital repercute mundo afora até os dias atuais. Abaixo, entrevista com Francesca Bria, componente da Diretoria Geral para a Sociedade da Informação da Comissão Europeia:

> *"No governo de Lula o Brasil era um ator progressista – em todo o tipo de debates globais e internacionais em todas as instituições. [...] Primeiro de tudo, ele [em referência a Gilberto Gil, então ministro da cultura] tal como o resto da administração de Lula, não tinha receio de seguir políticas contrárias às grandes empresas tecnológicas, em vez disso insistiu em remodelar a política governamental, incluindo em matéria de aquisições e em torno do software livre e de código aberto [...] Gil lançou um programa chamado Pontos de Cultura, um programa de governo para promover o acesso à informação e conhecimento e à sua produção de baixo para cima, incluindo favelas e partes que estavam excluídas da esfera da cultura. Isso teve algumas semelhanças com o que tentávamos fazer com os hackerlabs na Europa, mas no Brasil não estava limitado a hackers e ativistas.*
>
> *Em vez disso, era parte de um grande incentivo do Governo, com Gil e o ministério a conduzir esse esforço para democratizar o acesso à cultura produzida por meio de tecnologias digitais. Houve também esforços paralelos para impulsionar a inclusão digital e a literacia digital, com programas bastantes radicais e ambiciosos, incluindo grandes investimentos públicos em infraestrutras digitais e conectividade de banda larga pública e aberta, e a digitalização de serviços da administração pública utilizando software livre e de código aberto para promover a autonomia tecnológica alinhada com objetivos de desenvolvimento nacional.*

Assim que percebi o que estava a acontecer no Brasil, comecei imediatamente a pensar como aplicar estas experiências na Europa. Primeiro, o foco era regional; nessa altura eu estava a trabalhar na administração da região de Lázio e fui instrumental no estabelecimento do programa de colaboração entre Lázio e o Brasil dentro do enquadramento da Sociedade Digital Europeia, houve esforços para traduzir as experiências dos Pontos de Cultura localmente na Itália."[107]

Um novo Particular-Universal era apresentado a partir do Brasil. Para além do tangível, do que é. A unidade não se deu por uma identidade em si, de representatividade, mas pela ideia abstrata da busca por um mundo sem donos, com código fonte aberto, em contínua transformação. *"De cada um de acordo com suas capacidades, a cada um conforme suas necessidades"*, disse alguém de ideia generosa. Entre todas as ações de desmonte promovidas pelo Ministério da Cultura a partir de 2011 essa foi a primeira a acontecer e a mais enfurecida. Atribuo a ferocidade à prática radical do enunciado acima. O que havíamos iniciado era a distribuição radical dos meios de produção cultural aos produtores e criadores; isso o sistema não permite. Fizemos enquanto houve uma fenda e contando com o guarda-chuva de Gilberto Gil, que com sua compreensão e prestígio sempre defendeu nosso trabalho.

De repente, jovens pós-graduados em engenharia eletrônica ou da ciência da computação se descobriam lado a lado com representantes de comunidades rurais e ancestrais, trocando softwares por sementes crioulas, ambas sem proprietários. Troca de sementes para um saber coletivo, o conceito da Cultura Viva propiciou isso. Na periferia de Teresina, capital do estado do Piauí, foi aberto um Ponto de Cultura, formado por jovens do *Núcleo de Referência da Cultura Hip Hop – Questão de Ideologia*. Desse trabalho surgiu o Pontão de Cultura Preto Ghoez Vive[108]. Em 2004 Preto Ghóez[109] participou do início do programa

Cultura Viva; no encontro havido no apartamento de Cláudio Prado, após eu explicar a ideia do Ponto de Cultura, ele sintetizou na voz da Quebrada:

> *"Ponto de Cultura para nós é um barato que consegue traduzir o que é diversidade, todo mundo usa diversidade, parece que a diversidade é muro, né. A diversidade a palavra diversidade só é boa quando ela é feita para unir. Quando ela deixa de ser muro para virar ponte."*[110]

A diversidade não somente nas formas, conteúdos e sentidos, como na apropriação tecnológica, a diversidade para unir, para virar ponte. Engenhosas práticas de economia circular com sucata tecnológica foram antecipadas pelo Cultura Viva, até antenas de Wi-Fi fabricadas em latas de leite em pó. O software livre como semente para práticas colaborativas mais generosas, estimulando um sistema de trocas mais equilibrado e feliz. Na apresentação do programa essas questões estavam mais que explicitadas:

> *"A concentração dos meios de produção nunca ocorreu de forma tão impositiva e centralizada como nos tempos atuais. Concentração que acontece a partir do aprisionamento do conhecimento e da transformação deste em instrumento para a acumulação do capital. Conhecimento milenares são apropriados e patenteados por indivíduos e corporações, com o objetivo único de sua mercantilização, condenando, muitas vezes, milhões de pessoas à morte, como no caso da AIDS. A patente de semente modificadas geneticamente, por exemplo, em poucas décadas poderá subtrair um direito humano básico, que é o de plantar e colher seu próprio alimento, obrigando a nova compra de sementes a cada plantação. Assim também acontece com o código fonte da tecnologia da informação, que é monopólio mundial de, praticamente, uma única empresa. [...]*

A era digital coloca o mundo diante de uma encruzilhada que envolve paradigmas éticos e sociais. Por um lado, podemos caminhar para um modelo de concentração de poder e capital nunca antes imaginados. Por outro, é possível fazer surgir novos processos de produção cultural e econômica cada vez mais descentralizados, baseados na colaboração e no compartilhamento veloz de informação. Optamos pelo segundo."[111]

A partir de um Ponto de Cultura, a Casa de Cultura Tainã[112], de Campinas, estado de São Paulo, foi estruturada a rede Mocambos. Uma rede de software livre que chegou a alcançar 120 comunidades quilombolas em todo país, com acesso à internet e centros digitais. Zelosos da autonomia, conseguiram seguir a despeito da quebra abrupta de apoio por parte do Ministério da Cultura pós 2011; objetivo da Mocambos: desenvolvimento de ferramentas de comunicação livre e independente, buscando promover infraestrutura própria e desatrelada das grandes empresas de tecnologia da comunicação, tendo por princípio básico o software livre. Criaram *baobaxia*, uma rede própria de internet, em referência à árvore ancestral africana, o Baobá. Uma rede descentralizada e sincronizada entre servidores locais nas comunidades, formando espaço digital para deposito de criações e acervo com foco na cultura negra e quilombola. Segundo TC Silva[113], cuidador da Tainã e articulador da cultura digital e da rede Mocambos:

"As tecnologias africanas contribuíram para a sobrevivência da humanidade. A tecnologia não nasceu aqui ou na Grécia. Tem outros fatores que foram negados, muitas apropriações de saberes. Inventaram a lógica das patentes, do acúmulo de poder, de domínio e essas lógicas não respeitam as histórias verdadeiras, elas constroem histórias de acordo com sua convicção. [...] A gente está nessa luta para tentar melhorar a comunicação, a apropriação de tecnologias

para uma comunicação mais humana. Nesse ponto a gente tem mais uma vez como referência o Baobá."[114]

Como a Mocambos, outras redes foram alavancadas a partir dos Pontos de Cultura, gerando todo um sistema de metarreciclagem. O principal objetivo com os centros de metarreciclagem foi transformar equipamentos, tidos como ultrapassados, em novos equipamentos com tecnologias apropriadas ao desenvolvimento social. Uma ação de economia circular, apesar de à época esse termo não ser comumente utilizado, rompendo com a ideia do consumo de curto prazo e a cultura do descarte. Pelos princípios de redução, reutilização e reciclagem, a Cultura Viva gerou postos de trabalho, sobretudo para jovens nas comunidades, aprendizagem e apropriação tecnológica:

> *"Por meio da reutilização de máquinas e componentes usados, várias comunidades podem se apropriar de forma criativa e soberana da tecnologia, decapando computadores, dominando seus códigos e fontes, e até mesmo pintando seu invólucro, cobrindo-o com arte. Além de representar um reaproveitamento de máquinas e redução de custos, a metarreciclagem visa a criação de identidade do usuário com a máquina, assegurando autonomia tecnológica voltada para o êxito e a continuidade dos Pontos de Cultura"*[115]

Passados quase vinte anos, o fosso entre tecnologia e pessoas só se agravou, intensificando a dependência tecnológica das pessoas, comunidades e países em relação às *BigTechs*, mais poderosas que a maioria dos Estados. Um fosso a colonizar as mentes como nunca antes uma empreitada colonial e totalitária conseguiu alcançar. Compreendemos o fenômeno não apenas na dimensão tecnológica, como cultural. Software livre não significa software grátis, ao contrário, por ter código fonte aberto, ele requer mais serviços descentralizados, gerando muitos empregos. Pela experiência naquele período posso afirmar que, caso o governo federal não tivesse interrompido essa ação, hoje no país haveria uma comunidade com centenas de milhares, talvez um milhão ou mais, de pessoas trabalhando diretamente como desenvolvedores de software livre. Postos de trabalho de qualidade, executados por indivíduos emancipados em redes de colaboração, sobretudo jovens, em sua maioria advindos das comunidades mais excluídas e afastadas. Seria nossa independência tecnológica.

Depois de 2011, tudo isso foi desmontado, abandonado e combatido, e de forma abrupta; essa história conto em outros textos e não vou me alongar. O fato é que o Brasil foi perdendo autonomia e as redes sociais então nascentes e os processos de apropriação tecnológica do digital foram sequestrados pelos valores da desinformação, da agressividade, da competitividade, da exploração e do egoísmo. Software livre é semente tal qual sementes crioulas, aperfeiçoamentos genéticos coletivos que, generosamente são compartilhados entre camponeses. Cada planta comestível, cada fruta, cada grão, são resultado de aperfeiçoamentos genéticos de milênios. O dono é a ancestralidade comum. Uma das razões principais dessa verdadeira revolução tecnológica-filosófica que estávamos a cultivar foi a gestão de Gilberto Gil, sequenciada por Juca Ferreira, durante o governo do presidente Luiz Inácio Lula da Silva. O papel do Ministério, via o programa Cultura Viva incluiu:

1. *Políticas Inovadoras* com abordagem progressista e popular em relação à cultura digital e o software livre, promovendo ações que possibilitaram o acesso à tecnologia, à cultura digital e à produção de conteúdo colaborativo e livre;
2. *Licenças Livres* permitindo maior compartilhamento e distribuição de obras culturais e educacionais[116];
3. *Pontos de Cultura*, indubitavelmente foi a principal alavanca a promover o acesso à tecnologia e cultura digital

nas comunidades, estimulando a produção cultural e tecnológica descentralizada;

4. *Encontros, Oficinas e Eventos de Conhecimentos Livres*, incluindo Fóruns de Software Livre, reunindo especialistas, artistas e ativistas;
5. *Articulação com Movimentos Sociais* e estreita colaboração com ativistas e comunidades de software livre, promovendo parcerias e diálogos que fortaleceram a adoção e desenvolvimento de tecnologias livres;

A despeito de o governo a partir de 2011 ter se apresentado como de continuidade, houve uma mudança abrupta no enfoque e gestão e isso precisa ser registrado, até como aprendizado. Não foi apenas descontinuidade ou redução na prioridade ou corte orçamentário, foi um rompimento abrupto[117], que resultou no prevalecimento dos interesses das corporações tecno-feudais, as Big Techs. Atribuo muito da derrota cultural, de valores, informacional e comunicativa havida no Brasil pós 2013 a essa quebra abrupta na política para Cultura Digital. Enquanto o governo federal destruía as possibilidades autônomas, livres, compartilhadas e descentralizada, a extrema direita ascendia com a manipulação informacional nas redes. Esse *Grão* é um alerta: façam diferente, já fizemos e demonstramos que é possível. Ainda há tempo. Mas o tempo está se esgotando.

Grão 32 – São muitos Grãos V: Livro, leitura e literatura

Perdi a conta das vezes que viajei à Argentina, sempre que regresso volto com bons exemplos e boas histórias de boa gente. Tenho em minha estante uma caixa de papelão com livros em formato de uma casinha. Muito bonita. Dentro, quinze livros em diferentes gêneros literários[118], variando os títulos por caixa.

Tão logo vi a caixa pedi uma ao ministro da cultura. Está aí uma boa ideia. Fico sonhando com uma caixa dessas em cada moradia brasileira, a começar pelo programa "*Minha Casa, Minha Vida*". Poderiam receber a caixa de livros junto com as chaves. Aqueles que já estão em suas casas, seja de habitação popular ou autoconstrução, também. Variando aleatoriamente os títulos dos livros por caixa, a cada conjunto com 400 moradias teríamos 6 mil diferentes títulos. Uma biblioteca em cada bairro, por ruas ou edifícios, distribuída entre as casas. Junto à caixa, atividades com clubes de leitura e agentes de leitura, e o estímulo à troca de livros. Cada casa seria uma pequena biblioteca com livros a serem trocados entre vizinhos. Esse é um *Grão* que eu trago da Argentina.

Livro é tão fundamental, os conhecimentos e sentimentos que atravessam séculos, povos, lugares. Com a caixa de livros poderia vir junto uma ilustração, arte a decorar a casa, um tabuleiro de jogos. São ideias. Em cada canto há uma diferente, e quando não há tomamos emprestado. Recordo de uma vez estar conversando com Danilo Miranda, o grande ministro da cultura que o Brasil não teve (infelizmente), ele tinha ideia de propor um programa de leitura para todo o país. A cada mês um novo título e autor ou autora. De imediato falei de experiência que havia conhecido na Cidade do México, com a distribuição de títulos no metrô e estádios de futebol. Ao que ele acrescentou, a cada título poderíamos promover ações integradas com as escolas, programa de televisão, de rádio, peças de teatro inspiradas na obra, filmes. Por alguma razão lembrei da conversa ao escrever essas linhas; quem sabe algum dia aconteça.

Há muitas possibilidades para uma política pública ampla, massiva, democrática e descentralizada. Não apenas para democratizar o acesso à cultura escrita, mas para também promover diversidade, inclusão, criatividade e engajamento cívico. As pessoas como sujeitos da história, tendo a literatura como guia, régua e compasso. É possível. Políticas Públicas que fortaleçam as comunidades pela ampliação de horizontes intelectuais e sensíveis, contribuindo para sociedades mais justas e culturalmente ricas. Alguns exemplos:

1. *Acesso universal à leitura e literatura* garantindo que todos tenham oportunidade no mundo das ideias e imaginação. A distribuição gratuita e massiva de livros, ou o subsídio a edições com bibliotecas públicas e comunitárias acessíveis, em espaços agradáveis para encontros e leituras, vem nesse sentido;
2. *Promoção da Diversidade e da Inclusão* – incentivo à produção e consumo da mais ampla gama literária, diferentes culturas, perspectivas e identidades. Não há livro sem autoras e autores, e há tantos que nem chegam a publicar, o trabalho de tradutores, a promoção de editores independentes. Livrarias e sebos também são centros culturais para a promoção da leitura, não permitamos que fechem as portas, incentivemo-los.
3. *Pontos de Cultura e Pontos de Leitura*[119] – (já dito, mas repito) são espaços comunitários onde a cultura é produzida e vivenciada de maneira colaborativa. Que sejam apoiados sempre, de forma consistente e recursos adequados, incentivando clubes de leitura, grupos de escrita. São Pontos.
4. *Educação literária* desde a infância, integrando leitura, escrita e apreciação literária no currículo escolar, desde a pré-escola até o último ano do ensino médio (nas faculdades também, mas se a pessoa já tiver passado por esse processo, ela já terá ganho o mundo pelo amor aos livros); lembrando que educação literária inclui encontros com escritores e oficinas de literatura em escolas e espaços comunitários;

5. *Economia do Livro.* Não se esqueçam de apoiar pequenas editoras, livrarias independentes e sebos, livreiros são agentes culturais, projetos literários inovadores, estantes em geladeiras, pontos de ônibus, o que for;
6. *Leitura como prática democrática.* Encorajem o debate público sobre literatura e ideias, só assim as ignorâncias e ódios serão vencidas. Clubes de leitura, festivas literários, publicações e sites de crítica literária, eventos, debates integrados sobre livros e pensamentos relevantes, é tão bom quando acontece;
7. *Tecnologia e acesso digital.* Estou envelhecendo na minha biblioteca (em verdade fico jovem quando nela), gosto de ver e manusear os livros, prefiro lê-los no papel, mas precisamos explorar as novas tecnologias para aumentar o acesso à literatura, de pílulas literárias a livros inteiros e audiosséries, livros digitais gratuitos, bibliotecas digitais (na pesquisa ajuda muito, isso eu uso).

Sistematizando as propostas que vieram assim, aleatoriamente, por lembranças, conversas e observações, atraco na poesia. Poesia que li em um navio. Um dos mais lindos Pontos de Cultura que conheci, um Ponto de Leitura (apoiamos 600), instalado em um Navio Biblioteca, navegando em infindáveis igarapés da Amazônia, mais precisamente na foz do grande rio, entre Amapá e ilha do Marajó. Um Navio com um palhaço a promover empatia e alteridade. Jonas Banhos, um auditor fiscal que no período das férias ou em licença, se veste de palhaço a encantar crianças, jovens, adultos e velhos[120]. O palhaço Ribeirinho junta muita gente ao lado dele. Gente que vai e vem, e assim segue pelas águas, pelos sonhos, fantasias e imaginações a perder de vista. Singrando o mar de água doce, leva livros, letras e brincadeiras para o povo das margens dos rios. Navega tanto pelas águas amazônicas que já consegue falar com o boto. *Afuá, afuá...*, a língua do boto.

Também nome de uma cidade ribeirinha na ilha do Marajó. Eu estive lá, uma cidade em palafitas. Se comunicando em afuá, a Barca das Letras segue pelos igarapés. *Afuá, afuá...*

Poema inscrito na proa da Barca das Letras:

"Navio Biblioteca
Um navio de guerra chega ao cais!
- Vão tomar de assalto.
- Saquear a cidade.
- Escravizar o povo.
- Que bom! Grita o palhaço.
- É velho navio aposentado
Armado até os dentes
Com livros."[121]

Grão 33 – Cultura e Educação

Movimento de Cultura Popular (MPC), Círculos de Cultura, Centros Populares de Cultura da União Nacional dos Estudantes (CPCs da UNE), Pontos de Cultura, há um fio que os alinhava: a emergência popular a partir da cultura e educação. O Movimento de Cultura Popular se inicia no Recife, na segunda metade dos anos 1950 até ser proibido e perseguido pelo Golpe de 1964, foi um movimento social e educacional de onde surgiram os Círculos de Cultura como espaços de educação popular e diálogo. Dai surgiu a pedagogia de Paulo Freire, com educação dialógica e construtivista. Círculos de interação coletiva e reflexão crítica promovendo a alfabetização de adultos a partir do diálogo, da conscientização e da ação crítica. Em paralelo os Centros Populares de Cultura organizados pelo Movimento Estudantil foram se espalhando por universidades e faculdades do Brasil, promovendo teatro, cinema, música, artes visuais e literatura, uma forma estética e ética de pensar o pais a partir de uma outra lógica, a perspectiva popular e sua emancipação. Quarenta anos depois vem os Pontos de Cultura a religar esse fio. Pelas condições históricas, pelo suporte do Estado brasileiro, com muito maior escala e acúmulo conceitual e de experiências.

Cultura e educação são alma e corpo. Educa-se a partir e para uma cultura. Transmite-se cultura quando em processos educativos. As referências culturais e os contextos sociais são o ponto de partida para o aprendizado. Quando promovem uma consciência crítica transformam realidades. Cultura e educação devem ser pensadas como duas pernas de um mesmo corpo. Uma educação só é libertadora quando prepara os educandos para a participação ativa na sociedade democrática, enfatizando a resolução de problemas reais e a colaboração com os outros. O fortalecimento e valorização das raízes culturais é imprescindível para o atingimento desse objetivo. Cultura é algo dinâmico e em constante evolução. Cultura estática, parada no tempo, é em conserva; até achados arqueológicos de milênios estão em constante transformação por conta de novas referências e interpretações em torno deles. Sem a compreensão profunda das realidades sociais, que acontece pela combinação entre cultura, ciência e educação, nem a cultura, nem a educação assumem papel transformador e emancipador. Por isso sempre devem estar entrelaçados na formação das pessoas e das sociedades.

Princípios fundantes na relação entre Cultura e Educação:

1. *Diálogo como fundamento;*
2. *Entendimento crítico da realidade* (social, histórica, cultural, econômica). Sem esse entendimento jamais serão superadas estruturas injustas;
3. *Diversidade cultural como força enriquecedora;*
4. *Participação e empoderamento sociocultural;*
5. *Ética da responsabilidade;*
6. *Capacidade de agir para transformar a realidade;*

7. *Autonomia comunitária;*
8. *Potência social;*
9. *Agir com Arte;*
10. *"Mudar o mundo não é loucura, não é utopia, é justiça"* (Dom Quixote a Sancho Pança)

Aguçar as sutilezas da percepção e, a partir delas, costurar uma trama entre cultura, educação e saberes da comunidade, rumo a uma educação integral. Um esforço para compreender o presente, fazendo uma interseção entre o passado vivo e o futuro que vai nascer, rearticulando escola e vida. Sem realizar a necessária articulação com a Escola como espaços correlacionais de cultura, sem instigar o ambiente escolar a fluir e fruir expressões variadas das formações culturais do entorno, buscando uma melhor compreensão do Brasil e do mundo a necessária integração cultura/educação jamais será plena. Há que aguçar a compreensão de mundo desde a escola, uma compreensão que se faz a partir das percepções existentes na comunidade, entre festas e encontros comunitários como formas de aprendizado, gerando senso de lugar, sentidos, pertencimentos. Até que identidades vão sendo descortinadas a partir de jogos e brincadeiras, memórias escritas no corpo, nos movimentos, nas sutilezas a serem descobertas na espacialidade e na temporalidade:

> *"A partir das relações do homem com a realidade, resultantes de estar com ela e de estar nela, pelos atos de criação, recriação e decisão, vai ele dinamizando o seu mundo. Vai dominando a realidade. Vai humanizando-a. Vai acrescentando a ela algo que ele mesmo é o fazedor. Vai temporalizando os espaços geográficos. Faz cultura. E é ainda o jogo dessas relações do homem com o mundo e do homem com os homens, desafiando e respondendo ao desafio, alterando, criando, que não permite a imobilidade, a não ser em termos de relativa preponderância, nem das sociedades nem das culturas. E, na medida em*

que cria, recria e decide, vão se conformando as épocas históricas."[122]

Como ser de relação, os humanos são capazes de interferir na realidade de forma consciente. A aproximação entre Escola e Comunidade, que pode ser mediatizada pelo Ponto de Cultura, possibilita que estudantes não apenas estejam no mundo, mas estejam com o mundo, em um conhecimento que não se esgota em padronizações, por incorporar saberes corpóreos, afetos, memórias sensíveis. Nesse jogo de sensações e conhecimentos, racionalizados ou sensoriais, vai sendo constituída uma pluralidade a amparar o enfrentamento de novos desafios, preparando as pessoas para o Agir Comunicativo e transformador. Conforme afirma Paulo Freire na Pedagogia do Oprimido, "*ninguém educa ninguém, nem a si mesmo, as pessoas se educam mediatizadas pelo mundo*". Integrar cultura com educação tem por resultado demonstrar que o centro do mundo está na comunidade. E, a partir da comunidade, tecer um mundo em que caibam outros mundos. Não mais centro ou periferia, nem subalternizadores e subalternos, e sim agentes cujo centro do mundo está na consciência que se faz capacidade de agir e transformar o mundo.

Grão 34 – Trabalhadoras e trabalhadores da Cultura

Enquanto eu preparava essa Sementeira, deparei-me com um comentário do músico Ivan Lins em um grupo de artistas e agentes culturais que participo. Ivan não é tão somente (o que já seria muito) um músico talentoso da MPB, reconhecido e aplaudido no Brasil e no exterior, ele desempenha um papel significativo na defesa dos direitos autorais, especialmente na luta pelos direitos dos compositores e músicos. Sua atuação de décadas tem sido fundamental para um maior reconhecimento e proteção legal para criações artísticas e rendimentos advindos dela. Engajado com entidades de Direitos Autorais, em especial ECAD[123], ele participa ativamente na defesa da valorização do trabalho de músicos, lutando contra práticas que subestimam o valor do trabalho artístico. Sua influência como figura pública ajudou e tem ajudado a dar destaque a essas questões. O comentário de Ivan Lins:

> *"Obrigado, companheiros, pelas mensagens.*
>
> *O que está em jogo é a merecida monetização dos profissionais de música, sejam eles cantores, instrumentistas, compositores, letristas, arranjadores e, em certos casos, produtores. Que vivem exclusivamente da música. O descaso, o desrespeito, o "leonismo", com os quais plataformas e, infelizmente, gravadoras de grande catálogo redigiram as regras de monetização dos diversos direitos que são o sustento desses profissionais de música. As classes não foram consultadas. A música, como produto foi para o final da fila. Entre 80% e 90% do que entra pela comercialização de música na Internet, é dividido entre plataformas e gravadoras. Fim.*
>
> *O que sobra vai para as editoras, Ecad, e dessas para os profissionais de música. Todos nós. Que tal? Já é assim. E como se não bastasse já nos bate na porta a Inteligência Artificial!!*
>
> *A tragédia se desenrola na cara de todos os interessados, que contemplam tudo (ou nada, né?!), achando que é assim mesmo, aceitando o começo de sua própria falência. Eu sou privilegiado, e ainda tenho saúde para subir nos palcos da vida. Mas, e os que não podem? Os que estão começando, os que já não fazem mais o sucesso de antes, etc. E o que me deixa mais pasmo é que ano que vem faço 80 anos. E ainda sou eu e companheiros de gerações próximas, a continuar a brigar, botar a boca no trombone, ir a Brasília duelar com o poder político/econômico/judiciário. E a juventude nem sabendo o que lhes acontece hoje; e o trágico futuro que os espera...se não começarmos já!!! Com a I.A. não será só na música. Será nas artes em geral, nas áreas de todo e qualquer trabalho. Pelo amor de Deus, gritem!!!"*

Foi um texto tão contundente, e bem amparado na experiência, que pedi a ele para poder publicar nesse livro, no que recebi autorização com a seguinte resposta:

> *"Querido Célio,*
>
> *O que penso e escrevo é para todos e todas. No palco uso somente minhas canções. Elas falam bem por mim.*
>
> *Aqui, é pra vocês todos que se alinham nessa luta por sobrevivência geral, e, particularmente, artística. Não uso de subterfúgios para botar a boca no trombone. Tô chegando aos 80.0, e não consegui parar. Confesso que já estou cansado. O feitiço encantador dessa veloz evolução tecnológica, está deixando as novas gerações pacíficas em seu deslumbramento. E muitos de nós ainda não se deram conta do "fallo" que vem por aí.*
>
> *Não temos uma legislação que nos proteja. Fomos pro final da fila. Logo nós, que produzimos uma arte, em todos os sentidos, das mais fascinantes deste planeta. Rica, diversificada, intensa, apaixonada, altamente criativa, autêntica, sincera. E pergunto: – não podemos sobreviver dela?*
>
> *Estamos gerando riqueza paras grandes empresas das artes, paras as ricas plataformas digitais, para os espertos posseiros da criação alheia, para os poderosos traficantes de nossa riqueza artística.*
>
> *Precisamos fazer alguma coisa! Logo!!!!!*
>
> *Portanto, Célio, o que vc quiser usar, pode tranquilamente.*
>
> *Grande abraço"*

Artistas e poetas têm poder de síntese e há muito o que extrair de cada palavra. Vou me ater na definição do problema. Compositores, músicos e artistas estão enfrentando uma queda significativa na remuneração de direitos autorais por conta do consumo de música por meio de plataformas de streaming, onde as taxas de reprodução são muito baixas. É necessário um acúmulo de milhões de reproduções para uma remuneração minimamente aceitável. Como proteger direitos autorais para trabalhadores da cultura, particularmente na música, em uma situação dessas?

Esse não é um problema exclusivo dos músicos. Diz respeito a toda sociedade. Ou alguém prefere Arte sem artista, realizada por inteligência artificial? Uma arte minúscula, cópia de tudo que foi criado ao longo de milênios pelo engenho humano, sem emoção e invenção.

Respeitar artistas e a criação pulsante do engenho humano pressupõe estabelecer mecanismos para uma justa e adequada remuneração, como em qualquer trabalho. Cabe ao Estado e aos governos construir uma política sólida nesse campo, que seja perene, sustentável. Essa não é minha área principal de atuação e reflexão, mas dada a relevância do desastre que está por acontecer (e está acontecendo), fiz um esforço para sugerir componentes a esse *Grão* tão relevante:

1. *Transparência total* sobre os métodos de cálculo e distribuição de pagamentos aos artistas e criadores pelas plataformas de streaming;
2. *Negociações coletivas* (mediadas por Agência da Música a ser criada) estabelecendo mecanismos para facilitar negociações coletivas entre artistas e plataformas visando a melhoria das taxas de remuneração;
3. *Fundo de Compensação para Direitos Autorais*[124], dedicado à compensação de direitos autorais;
4. *Arrecadação via faturamento global setor de tecnologia, redes sociais e streaming.* Não só streaming por assinatura, todas as plataformas de redes sociais (YouTube, Instagram, Tik Tok, Facebook...). O capitalismo de dados vive de sugar vida e criações alheias, já que estamos sob essa lógica, que ao menos revertam parte de seu faturamento global em cada país para um respectivo fundo de mitigação do problema que eles estão gerando e que atualmente reverte

em lucro exclusivo a eles; definido o conceito, depois se equaliza em cálculo qual seria o percentual adequado;

5. *Fomento e apoio público aos processos criativos e de autoria*, via linha de financiamento específico e que não dependa exclusivamente das plataformas;
6. *Agência Nacional da Música*, nos moldes da Ancine (ou Agencia Nacional de Direitos Autorais, a avaliar); como órgão regulador e independente[125] para monitorar e fiscalizar a implementação das políticas; e que não se submeta;
7. *Revisão Periódica.* O campo da tecnologia e inteligência artificial corre em uma velocidade tão rápida, que nenhuma lei ou norma dará conta de tudo. Há que ter revisões periódicas para cobrir aquilo que não se imagina hoje, mas que será realidade amanhã;
8. *Diálogo, consulta pública e participação de todas as partes envolvidas.* Muita consulta, mas também muita capacidade de formulação, coragem e capacidade de condução para que esse problema não seja postergado indefinidamente.

Sem essas medidas (e outras) não haverá ambiente equitativo, justo e estável para a criação artística e cultural. Claro que muitos artistas podem acessar outras formas de renda, como shows e espetáculos e outras formas de monetização, mas toda obra, antes de ser obra, foi criada um dia e essa criação tem que ser preservada de forma justa.

CulturaPrev. Recordo que tão logo fui trabalhar no Ministério da Cultura, em 2004, esse era um debate muito forte, havia uma ampla mobilização de artistas para a criação de uma previdência complementar[126]. Esse é um tema que precisa voltar à pauta. Trabalhadores da Cultura são marcados pela informalidade e sazonalidade. Um dia envelhecem e precisam de aposentadoria e amparo. Nem todos (a grande, a imensa, maioria) tiveram oportunidade para compor um patrimônio. Como o Brasil ainda não tem um sistema de previdência complementar para artistas e trabalhadores da cultura?

Não é nenhum privilégio e seria administrado pelos próprios trabalhadores. A fonte de recursos seria tripartite: contribuição dos trabalhadores, arrecadação de produtos culturais (porcentagem de ingressos e venda de produtos, algo em valor razoável e que não onerasse esses custos), complemento do Estado. Se faz um cálculo para equalização dos percentuais de contribuição, cálculo atuarial futuro, e o fundo está pronto. Não tem segredo. Desculpem a frase simplificadora, escrevi de propósito, é verdade, não tem segredo. Falta a vontade, a mobilização e a decisão. De novo, um problema de cultura política. Bem, fica a sugestão. Quem sabe alguém (de preferência muita gente) pega esse Grão e faz o CulturaPrev acontecer. Daí, complementa com aposentadoria do regime geral da previdência, e asseguramos uma aposentadoria um pouco mais adequada para nossos artistas e trabalhadores da cultura (inclusos técnicos, apoio...).

A França conta com uma legislação de emprego nas artes que contempla a sazonalidade. O trabalho nas artes nem sempre é contínuo, nem todos (a maioria) são contemplados pelo assalariamento mensal. Recebe-se por turnê, tempo de ensaio, cachê por espetáculos. É muito comum, não tenho estatística, mas no que conheço há muita gente, trabalhadoras e trabalhadores da cultura passarem meses sem o recebimento de uma única remuneração. Tudo é tão precarizado que as pessoas até já se conformaram nessa situação, buscando trabalhos fora da área, ou organizando as economias para os tempos não remuneratórios. Há no Brasil legislação compensatória para trabalho intermitente, o Seguro Defeso para pescadores, é semelhante ao pagamento do trabalho quando interrompido para artistas que há na França. Por que não ir por aí? Quem topa pegar esse Grão?

Administradores culturais[127] e gestores públicos, há muita falta de quadros estáveis e bem formados para a gestão cultural, seja na União, estados e municípios, Agentes de Estado, selecionados por concurso, qualificados e preparados em administração cultural. Há, mas muito aquém das necessidades, sobretudo agora em que terá que ser implantado o Sistema Nacional de Cultura. Também há precariedade na gestão de equipamentos culturais, programação cultural, cada vez mais relegados à terceirização via Organizações Sociais. Corpos artísticos estáveis, como orquestras e companhias de dança, igualmente muito precarizados. Recordo que no tempo em que trabalhei no MinC o salário dos servidores da cultura eram muito inferiores ao dos colegas deles em outros ministérios[128]. Não custa muito, ainda mais pelo retorno que se dá à sociedade. A cultura merece.

Por último. Agentes Comunitários de Cultura, semelhante aos Agentes Comunitários de Saúde, inclusive com a mesma remuneração, até para ir equalizando categorias e serviços. Quando eu estive como secretário de cultura em Campinas eu implantei isso, eram 13, em sua maioria mulheres, uma para cada Casa de Cultura na periferia da cidade. Pagas com recurso do Fundo de Assistência à Cultura[129], não era muito, um salário mínimo à época (1990/92). Depois que eu saí da secretaria interromperam (deve ser minha sina), mas enquanto houve o resultado foi excepcional, todas e todos muito comprometidos, agentes de mobilização comunitária como a prefeitura jamais poderia contar (enquanto escrevo lembro do rosto de algumas delas, mulheres da periferia, dedicadas e acolhedoras). Não consegui implantar com os Pontos de Cultura, mas seria muito bom se a partir de agora pudesse acontecer.

Além do recurso que o governo repassa para a manutenção de atividades poderia ir, por exemplo, cinco vagas de Agentes Comunitários por Ponto de Cultura. A comunidade escolheria entre Griôs, ativistas na programação e gestão do Ponto. Eu que fiz o cálculo de um valor razoavelmente adequado para um Ponto de Cultura, em 2004, e cheguei a R$ 5.000,00/mês

(R$ 60.000,00/ano), atualizando, em 2024 deveria ser entre R$ 10.000,00/!5.000,00 (entre R$ 120/180 mil/ano)[130]. Esse valor é adequado, mas insuficiente para a estabilização de trabalhadores da comunidade. Há muitos que fazem por dedicação e compromisso comunitário, tem outras fontes de receita, enfim. Imaginem o salto que aconteceria caso junto com os recursos para manutenção do Ponto viesse a possibilidade de contratar cinco Agentes Comunitários de Cultura. Não necessariamente apenas em Pontos de Cultura, também em museus comunitários, territórios de identidade; no futuro, quiçá em escolas públicas. Calculo que entre 20.000/50.000 Agentes Comunitários de Cultura no país, para começar estaria de bom tamanho[131]. Nada impede que um governo estadual ou prefeitura, mesmo pequena, contrate por iniciativa própria uma quantidade de Agentes Comunitários de Cultura. Quem se habilita? Bem, fica a sugestão que é Grão.

Grão 35 – Para não dizer que não falei dos Pontos de Cultura

A filosofia da Cultura Viva está presente em todos os grãos.

A matemática do Ponto de Cultura está presente nas sementes[132].

Grão 36 – Museu do Povo Brasileiro

"O sociólogo que quiser compreender o Brasil
Não raro precisa se transformar em poeta"
(Roger Bastide – prefácio a Brasil, terra de contrastes)[133]

Um museu "de baixo para cima", concebido como um projeto cultural e histórico para celebrar e explorar a vasta diversidade cultural do Brasil. O povo para *"se ver e ser visto"* como em um "Museu do Imaginário", conforme propôs Emanuel Araújo, querido amigo já falecido. Lugar a desvelar as expressões culturais imaginativas de diferentes regiões e povos do Brasil, de seus mitos e lendas à confrontação com a história oficial. Noções líquidas a descrever fenômenos de fusão, o comunitário e o metropolitano, o arcaico e moderno, o contemporâneo e o ancestral a emaranharem épocas históricas, processos e interpretações do mundo. Museu do Povo Brasileiro como uma instituição da realidade viva e em perpétua transformação.

O Brasil dos mil povos, do caráter por fazer, como a clarividência de Mário de Andrade ao escrever a obra Macunaíma:

> *"O que me interessou por Macunaíma foi incontestavelmente a preocupação em que vivo a trabalhar e descobrir o mais que possa a entidade nacional dos brasileiros. Ora, depois de pelejar muito verifiquei uma coisa que me parece certa: o brasileiro não tem caráter. Pode ser que alguém já tenha falado isso antes de mim, porém a minha conclusão é uma novidade para mim porque tirada de minha experiência pessoal. E com a palavra caráter não determino apenas uma realidade moral não[134], em vez entendo a realidade e psíquica permanente, se manifestando por tudo, nos costumes, na ação exterior na língua, na história na andadura, tanto no bem como no mal. O brasileiro não tem caráter porque não possui uma civilização própria nem consciência tradicional.*
>
> *Os franceses têm caráter e assim os iorubás e os mexicanos. Seja porque civilização própria, perigo iminente, ou consciências de séculos tenham auxiliado, o certo é que esses uns tem caráter. Brasileiro não. Está que nem o rapaz de vinte anos: a gente mais ou menos pode perceber tendências gerais, mas ainda não é tempo para afirmar coisa nenhuma [...] Pois quando matutava essas topei com Macunaíma no alemão de Koch-Grunberg. E Macunaíma é um herói surpreendentemente sem caráter. (Gozei)."*[135]

O povo brasileiro por se fazer, cujo devir é descortinado em um Museu, que olha para os lados, para trás e para frente. As diferentes abordagens contrastantes para entender a formação nacional, com as contradições e interações complexas entre dois impulsos culturais: o desejo de impor estruturas rígidas e previsíveis e o impulso de permitir o desenvolvimento espontâneo de diversificado. O "Ladrilhador" e o "Semeador", conforme conceituado por Sérgio Buarque de Hollanda em Raízes do Brasil. Uma Instituição para uma compreensão mais profunda das tensões e dinâmicas da sociedade brasileira. Em homenagem a esse grande historiador brasileiro[136], pensei duas grandes salas (entre outras) para o museu: Ladrilhador e Semeador.

Sala Ladrilhador. As tentativas de organizar o espaço social de maneira hierárquica e ordenada, a importação e adaptação de modelos de outras culturas, a colonialidade tomando conta das mentalidades e modos de ser. A busca artificial por uma estrutura social sólida e estável (que nunca houve) valorizando a rigidez das instituições e a centralização do poder. A tendência para impor modelos externos de organização social sobre a realidade brasileira com estruturas estáveis e previsíveis (que nunca houve). O Brasil inflexível, limitador inadaptado às peculiaridades do povo, de costas para o povo, de fora para dentro, de cima para baixo.

Sala Semeador. O contraste, a mentalidade fluida. A valorização da criatividade, a diversidade e adaptações contínuas em oposição aos modelos pré-concebidos, o cultivo às potencialidades do povo, os arranjos locais, o desenvolvimento orgânico e espontâneo das estruturas sociais. A biodiversidade, a criatividade e a diversidade cultural como fontes de desenvolvimento.

Museu do Povo Brasileiro com exposições permanentes e temporárias, abordando os mais diferentes temas, ancestralidade indígena, amefricanidade, o povo dos sertões, da ribeira dos rios, os caipiras (parceiros do rio Bonito), das Rebeliões da Senzala (um belo nome para Sala permanente, em homenagem a Clóvis Moura), os Caifazes e o abolicionismo, a Jangada do Dragão do Mar, as valsas, polcas, tangos marchas e choros de Chiquinha Gonzaga, as guerras dos confins do mundo, Canudos, Contestado. Tanta coisa e tanta gente a formar o Brasil. A COB (Central Operária Brasileira), os imigrantes, operários, anarquistas, comunistas. E os Dezoito (que eram mais) do Forte, e a Coluna Invicta. E as gentes se formando nas cidades, o rádio, a televisão, o povo e a imaginação. O Brasil entre ditaduras e democracias inacabadas. O Brasil dos muitos lugares. As artes, as vertigens, os pesadelos e os sonhos. O povo em movimento.

Museu da nossa gente, da nossa memória, daquela que guardamos e daquela que foi apagada, mas que voltará a acender, pois memória em dormência. Dos sambaquis ao povo que ainda seremos, o povo que está por se fazer. Um museu estilhaçado[137], distribuído por todo país com exposições itinerantes junto a instituições já existentes, de grandes museus à museologia popular e comunitária, escolar. Os Pontos de Memória como alimentadores de olhares diversos e vozes polifônicas.

Museu do Povo Brasileiro a realizar ciclos e mostras por todo o país, também no espaço da internet, consolidando parcerias e redes, programas de intercâmbio, vivências e interações. Como um bordado. Sem prescindir de sede central. Penso que deveria ser na esplanada dos ministérios[138], em Brasília, como forma de a capital do país se conectar com o povo, de o povo se ver na esplanada com todo seu esplendor. E para as autoridades se lembrarem que é a esse povo que devem obediência. E para o povo se lembrar que esses que se pretendem seus representantes lhes devem obediência, pois fonte originária de soberania.

Uma instituição de memória com exposições temáticas explorando o simbolismo e a imaginação brasileiras, como um fio que vai cerzindo o tecido roto e esgarçado e um povo que foi desaprendendo a gostar de si, um povo que se desconhece e que está por se revelar. Um lugar a levantar o manto da invisibilidade e marginalização do povo brasileiro, a jogar luz sobre nossa identidade em formação, híbrida, mestiça e contraditória, brasileira. A orientar programas educacionais para escolas e comunidades, promovendo Oficinas interativas a integrarem o país, de norte a sul, de leste a oeste, das periferias entre si, e delas para o centro. Integrando raízes ancestrais com tecnologia e arte contemporânea, contando histórias de forma inovadora. Um grande museu em colaboração e consulta comunitária, junto a especialistas e instituições. Sempre em perspectiva inclusiva e diversa como plataforma de diálogo intercultural e compreensão mútua.

Tanta gente a homenagear, tanta gente a reverenciar. Ser coletivo. As histórias da gente do povo, das pessoas comuns e extraordinárias. Espaço de reflexão e maravilhamento, baseado em pesquisa e análises profundas sobre o significado do ser brasileiro. O Brasil precisa e o povo brasileiro merece ter o Museu do Povo Brasileiro.

Grão 37 – Cultura é um Sistema Aberto

Cultura é um sistema complexo composto por múltiplos componentes interagentes. Dessa complexidade surgem comportamentos e padrões emergentes, que não podem ser explicados apenas pela soma de identidades individuais ou coletivas, há interações, transversalidades, atravessamentos, cada qual absorvida em intensidade, ritmo e percepções diferentes. Essas interações geram resultados imprevisíveis e não-lineares resultantes de múltiplos agentes interativos que fazem emergir comportamentos coletivos, que, por sua vez, fazem emergir outros, e assim em processo.

O programa – e a filosofia – da Cultura Viva, desde o início, foi pensado como um sistema complexo e aberto. Considero que por conta dessa base conceitual houve muitas incapacidades na compreensão do programa dentro do aparato e seus agentes, onde o hermetismo é regra. Cultura Viva é uma rede de interações entre indivíduos, grupos, ideias, práticas, tradições e instituições. Os Pontos de Cultura foram – são – o exemplo prático dessa interação, funcionando como nós em uma rede cultural, interconectando-se e influenciando-se mutuamente, gerando padrões culturais emergentes.

Edgard Morin e outros estudiosos, nos diversos campos da ciência, compreendem os sistemas complexos como ecossistemas; sociedades, economia, ideias e cultura são parte desse ecossistema, sendo formados por elementos interdependentes e interconectados. Podem haver recorte teórico para estudo mais detalhado, mas apenas como método, pois estão indissoluvelmente conectados. Uma ação numa parte reverbera noutra por ondas e interferências, mesmo sem aparente relação direta. Das relações não-lineares e das dinâmicas imprevisíveis, surgem os sistemas complexos. A cultura se situa nessa condição, cujas propriedades emergentes não podem ser totalmente explicadas pela soma das partes individuais.

Há uma contradição entre essa qualidade intrínseca da cultura (complexidade e sistema aberto) e os métodos e formas de gestão da cultura, tratando a cultura como um sistema fechado, composto pela soma de particularidades/individualidades. Essa tem sido uma armadilha no qual os setores mais diretamente vinculados às políticas culturais se autoimpuseram. Pensa-se – e pratica-se – gestão de cultura para dentro, para os interesses diretos, não para fora, de forma expandida. Aplicado em política de saúde seria o mesmo que pensar a política pública para os profissionais de saúde e não para a sociedade como um todo. Desculpem a sinceridade, mas é o que tenho observado em mais de quarenta anos de atuação. Tanto gestores, quanto a chamada "classe artística" ou "povo da cultura", envidam esforços sobremaneira para a autorreprodução de suas atividades e setor. Cultura diz respeito à toda sociedade.

Faz-se arte "para" e "com" a sociedade, como forma de interagir e alterar o sistema complexo da sociedade. Quando isso for melhor compreendido nas políticas culturais, seguramente, até os orçamentos da cultura serão maiores, por conta da compreensão da dimensão estratégica da cultura. Está em processo a implantação do Sistema Nacional de Cultura, algo da maior relevância. Muito do retardo dessa implantação, ao meu ver, deve-se a essa incompreensão em não perceber a cultura como sistema aberto. O CPF (Conselho, Plano e Fundo) do Sistema Nacional de Cultura constitui em arcabouço fundamental, porém, se essas estruturas ficarem ensimesmadas, muito pouco resultarão em transformações profundas. Não somente para a cultura enquanto estrutura (a despeito de também aí), mas para a sociedade.

Cultura enquanto um sistema complexo vivo (postulado fundante da filosofia da Cultura Viva) está em constante evolução e adaptação. É preciso reconhecer e tratar as comunidades culturais enquanto sistemas adaptativos complexos, nos quais diversidade, interação e autonomia são fundamentais para a inovação e resiliência cultural. Quando aplicamos os princípios da Teoria da Complexidade à prática cultural promovemos uma abordagem inter-relacional e "de baixo para cima" ("botton up" aos que preferem as cartilhas dos organismos internacionais) na construção e fortalecimento das expressões culturais. Como ecossistema dinâmico, onde a participação ativa das comunidades é essencial para criar novos padrões culturais, a política cultural deve promover a diversidade cultural em níveis mais amplos e complexos.

Sem uma compreensão holística e integrada da cultura, jamais será possível completar a emergência cultural. Cultura não é algo estático e separado da vida cotidiana, mas sim um processo dinâmico que molda e é moldado pela sociedade em que está inserida e com quem interage. Daí aprofundam-se as experiências coletivas, e dessas, as percepções e reflexões para a manutenção ou mudança no padrão vigente. Mesmo antes de compreender essas questões, eu jamais fiz política cultural sem levar em conta essas dimensões, nem me jogaria na cultura não fosse para transformar as relações sociais cujas iniquidades e injustiças sempre me causaram indignação. Ao final dessa sementeira, jogando tantos grãos, senti necessidade de dizê-lo, não para falar de mim, mas para lançar um apelo: joguem-se na política cultural desde que seja para transformar o mundo, não aceitem menos, nem de vocês nem dos outros.

Sistemas fechados são característicos da falta de interação com o ambiente interno, tudo é pensado e realizado "para dentro", para si, entre os que se identificam como iguais. Sem trocas significativas o sistema fechado tende a se isolar e não consegue se adaptar às mudanças externas. Se fechando até consegue se autopreservar por um período, mas não transforma o entorno, nem a si. Com o tempo, atrofia, encolhe e perece, por estático e limitado.

Cultura como sistema aberto significa que todos os elementos interagem com o ambiente ao redor, contém e estão contidos, trocam energia, matéria e informação. Uns se apropriam dos outros. O desafio da política cultural está em tornar essas apropriações as mais horizontalizadas e equilibradas, fazendo com que as partes se percebam no Particular-Universal de cada uma. É assim que os sistemas evoluem, mantendo um fluxo constante de trocas. Outro desafio da política cultural é equilibrar as trocas, decupando ruídos e evitando resíduos e lixo informacional.

Pela teoria da complexidade conseguimos olhar no telescópio e no microscópio ao mesmo tempo, com isso é possível entender melhor a dinâmica da cultura e das sociedades, percebendo a natureza interconectada e emergente dos fenômenos e seus processos de criação e recriação. São essas dinâmicas emergentes que definem a riqueza e a vitalidade das expressões culturais em diferentes contextos sociais. Explora-se os mistérios irracionais e as contiguidades anômalas. Olha-se para o universo que está fora e dentro de nós. É o rosto que à noite nos olha do fundo de um espelho para nos mostrar o próprio rosto.

Grão Final – Urgência Histórica e Emergência Cultural

Silêncio...
Ecoa o som das hélices.
O helicóptero se aproxima com um cesto amarrado.
No telhado, um velho, uma velha e um cachorro,
Todos molhados, a casa com água até a cumeeira,
Vinte e quatro horas no telhado,
Água por todos os lados.
Devastação.

Silêncio...
O velho coloca a velha no cesto, sua amada esposa,
Décadas de vida comum, tudo que tinham estava naquela casa.
É a vez do cão.
Ensopado, se nega a ir sem o velho
Até que é colocado no cesto.
Sobe ao helicóptero entre latidos.
Chega a vez do velho.

Silêncio...
A fúria das águas leva tudo, incluindo o velho.
É o clima em colapso.
Ocupação nas cabeceiras dos rios, nas encostas.
Sem cílios de mata a proteger as barrancas,
Nem floresta a proteger o clima.
Só plantação, pasto
E devastação.

É a lama, é a lama!
É o fogo, é o fogo!

Floresta em chamas,
Fagulhas dançam no vento,
Bichos correm, pânico no ar.
Tudo arde,
Patas, focinhos,
Pelagem incandescente,
Tudo arde,
Tronco vira tocha.

Queimada na floresta.
Pantanal a virar pasto.
O Solimões secou
Na Amazônia.
Fogo no cerrado,
Na Canastra, Mantiqueira
Mata Atlântica
Queimada na floresta

Tudo é pasto
Seco
Rio transformado em deserto de areia
Fuligem na cidade
Fumaça apaga o sol
Asma, bronquite,
Pulmões cheios de fumaça
Queimada na floresta

Não é natural
Há causas e efeitos

Queima de combustíveis fósseis,
Carvão, petróleo e gás,

Dióxido de carbono, óxido nitroso,
Poderosos gases a produzir estufa.
Planeta coberto, calor retido.
Queima de combustíveis fósseis.

E mais

Mineração, ferro, aço, plástico, roupas, eletrônicos, químicos e muito mais
Mais extração, mais queima, mais gases
Lixo, desperdício, descarte
Mais extração, mais queima, mais gases
Lixo, desperdício, descarte
Mineração, ferro, aço, plástico, roupas, eletrônicos, químicos e muito mais

Excesso
Estilo de vida
Desigualdade
O 1% mais rico no planeta responde por mais emissões de gases que os 50% mais pobres

Excesso
Estilo de vida
Desigualdade
O 1% mais rico do planeta possui mais que os outros 99%

Vem a tempestade em grande aceleração
Temperatura sobe
Tudo esquenta, geleiras derretem, o mar fervilha
Ciclones, furacões, tufões
Vem a tempestade em grande aceleração

A seca
Areia e poeira em tempestade
Bilhões de toneladas de areia a encolher áreas cultiváveis

A água
O gelo derrete, o nível do mar sobe
Regiões costeiras e ilhas são afetadas pela elevação do nível do mar.

Oceano mais quente
Absorve mais dióxido de carbono e deixa a água mais ácida, ameaçando a vida marinha e recifes de corais

Um milhão de espécies
São os seres que deixarão de existir nas próximas décadas
Pragas invasoras, doenças, clima extremo, incêndios florestais e tempestades, isso vem a mais

Vai faltar comida
Pesca, agricultura, pecuária
Em meio à abundância como causa da mudança irão perecer em escassez

A saúde
Bactérias e vírus
Pandemias, endemias, doenças

Refugiados do clima
Pobreza e deslocamento
No mundo sem fronteira para as mercadorias a única mercadoria que tem fronteira é a gente.

O colapso do clima chegou.

Haverá tempo para deter?

Mitigar?

Como será a adaptação?

Quem vai se adaptar?

Quem vai sobreviver?

Ë preciso rever os conceitos de Paciência Histórica e Urgência Histórica. O colapso do clima nos impõe essa revisão. Duas perspectivas e abordagens diferentes em relação à mudança social e de civilização.

Paciência Histórica refere-se à ideia de que as mudanças sociais, políticas, comportamentais e culturais ocorrem no longo prazo, em períodos prolongados de tempo, sendo lentas e exigindo esforço de gerações para se concretizarem.

Urgência Histórica tem sentido oposto. Há problemas e desafios que exigem ação imediata a rápida, não cabe esperar. Ou se adquire senso de emergência para lidar com questões críticas ou urgentes, ou se entra em colapso.

O colapso do clima nos coloca diante desse dilema. Seguiremos aguardando mudanças de largo prazo, que talvez nem venham a acontecer por seguirem agravando as razões do colapso? Ou tudo que tem acontecido já não tem sido suficiente para escancarar as condições de tomada de consciência daquilo que deve ser e para já?

Negacionismo ou reconhecimento da realidade? Qual caminho iremos escolher? Com estudo científico, escrupuloso e criterioso na busca pelo entendimento das causas e possibilidade de soluções. As condições da civilização têm levado o planeta ao colapso. Colapsando o planeta colapsará a própria civilização. Essas condições, formas de pensar e agir, tornaram-se insustentáveis, prejudiciais à vida e precisam ser interrompidas imediatamente para evitar danos maiores e irreversíveis.

Pela paciência histórica perseveramos no trabalho em direção a mudanças significativas, compreendemos que mudanças profundas demoram décadas e até séculos para se consolidarem, isso nos leva a um compromisso prolongado para superar resistências e obstáculos. Combinando paciência com urgência nos damos conta de que não há mais tempo a perder. Basta!

Os Grãos que eu ofereci com essa Sementeira foram pensados como uma combinação entre paciência e urgência. Busquei demonstrar como pequenas configurações, se consistentemente perseveradas, alteram rumos e padrões na cultura, por consequência, na história e sociedade. Exemplos que de tão concretos são quase palpáveis, por isso preferi me concentrar naquilo que fiz ou vi fazer, para demonstrar que é possível realizar, modificar e transformar, mesmo em meio a incompreensões e sob as condições mais adversas. São grãos de paciência e são grãos de urgência. Ainda mais quando a realidade bate à nossa porta. Bate não, arranca a porta e arrasta tudo. É necessário pedir silêncio para poder observar uma cena do colapso do clima que a todos vai arrastar. Os mais pobres primeiro. Silêncio. Escutem. Vejam.

Embora Paciência Histórica e Urgência Histórica pareçam conceitos opostos, eles são complementares. Pela Arte e Cultura se cultiva a paciência, há artesania, persistência e perseverança, repetido, como nos mil ensaios para um espetáculo de balé. Sem trabalho constante ao longo de gerações a cultura não se sedimenta. A consciência da necessidade de ação imediata, o reconhecimento dos desafios prementes. A capacidade de indignação, a esperança e a coragem como pernas e braços a darem consequência ao ato de indignar-se e não se resignar, só acontece por conta da persistência. Persistência em existir, pervivência, a perseverança na vida no trabalho cultural e artístico enquanto ação transformadora.

O colapso do clima não é do clima, é do modelo de civilização.

Silêncio...
Voa baixo, estatela no asfalto, um pássaro

Silêncio...
É o som das bombas,
Da morte chegando a galope, queimando e incinerando.
Tudo junto e misturado.
O som dos bombardeios, dos gritos abafados
O som do medo
Dos corpos dilacerados
Dos filhos que ficarão sem pais, dos pais que ficarão sem filhos

Silêncio...
Arrancaram uma oliveira
E outra e mais outra
E a casa
Todos expulsos
Cercados em cárcere
Nascidos sob bombardeio
Mortos sob bombardeio

Silêncio...
Não consigo escutar apesar de tudo ouvir
Não consigo enxergar apesar de tudo ver
Escancarado à nossa frente, ao alcance dos ouvidos e dos olhos
Não se houve o grito
Não se vê os mutilados
É tudo banal, naturalizado e normalizado
Lá, aqui, acolá

É bomba, é bomba!
É tiro, é tiro!

O corpo queima
Uma bala atravessa a favela
A menina diz: – Mãe!
Morreu
De bala perdida
Não existe bala perdida, todas elas encontram o seu lugar
A irmã grita: – Mãe!

Noutro lugar
Tapa, murro, pontapé. Gás de pimenta.
Noutro lugar
Um andarilho pela rua. A viatura desvia só para atropelar
Noutro lugar
Um rapaz rico e seu carro de milhão, cento e tantos quilômetros por hora em uma avenida
Bateu na traseira de um carro, matou
Foi liberado sem constrangimento
O outro,
Trabalhador que voltava para casa depois de uma jornada até a madrugada. Morreu
Noutro lugar
Um joelho sobre o pescoço
– *I can't breath!*
Cenas de uma sociedade em colapso
– Eu não consigo respirar!

Não é natural
Há causas e efeitos

Acumulação, exploração ilimitada,
Natureza, animais e gente.
Mais-Valia
Poderosa força a explorar sem fim,

Transforma tudo em coisa,
Toda gente, todo mundo.
Ganâncias, exploração ilimitada

E mais

Esmagamento da vida, tudo vira coisa
Minerais, vegetais, animais, gente, sonhos e desejos
Mercadoria, produção e venda
Nas mãos de um mecanismo inumano
Trabalho, exploração, alienação
Esmagamento da vida, tudo vira coisa

Ganâncias
Egoísmo
Individualismo
No mundo não deveria existir desigualdade, opressão, brutalidade e desamparo, é infame.

Ganâncias
Egoísmo
Individualismo
No mundo deveria existir igualdade, liberdade, fraternidade e solidariedade, é digno.

Vem o colapso civilizatório em grande aceleração.
Violências, racismo, descarte de gente, impiedade.
Mentiras, pós-verdade, manipulações e censura algorítmica,
Negacionismo, retórica do ódio e fundamentalismos.
Vem o colapso civilizatório em grande aceleração.

Sociedade do Espetáculo,

Tudo vira exibição. Os meios de produção e distribuição nas mãos de poucos.
Terra, finanças, fábricas e máquinas, emissoras, plataformas e BigTechs.

Exploração
Uma classe acumula riqueza e poder
A outra classe é expropriada de tudo

Competição, uma falácia. Monopólio, uma verdade
Só quem compete são os pequenos e explorados, competem, competem, e nunca ganham. Nem se unem
Quem concentra, explora e acumula,
Acumula, explora e concentra porque monopoliza.
E desune.

Alienação
O que é de fora, o que pertence ao outro, em um mundo de exploração tudo vira alucinação,
É roubado, transferido e deturpado. Até os desejos e afetos são carne para as redes sociais

Luta de classes
Sob um mundo em que o 1% tem mais que os 99%, nunca foi tão urgente e emergente
Acabar com a Mais-Valia. Mundo bom e justo tem que ser para todo mundo.

Mundo em crise
Uma atrás da outra exacerbando desigualdade, concentração e desilusão.
Em meio às crises, desamparo, crise estética, crise ética. Crise de esperança

O Estado
Hermético, é um instrumento da classe dominante para manter o poder nas mãos de sempre.
Entre fendas e brechas, há que ter sabedoria e coragem para colocar uma cunha a abrir o dique.

~

Há que fazer silêncio para escutar.
Há que despoluir a visão para enxergar.
Há que diminuir o ritmo para compreender os processos.
E...

Devagar, mergulhar nas manifestações culturais populares e ancestrais e práticas culturais cotidianas que são elementos-chave para entender a dinâmica social e política. Mais ainda nos tempos atuais. Chegar de mansinho, mas chegar de verdade, mergulhar, se misturar. E trocar. É necessário formular filosofia, aprofundar, teorizar. E agir. Junto. Na vanguarda. Na retaguarda. No meio, entre o povo, entre a gente.

Concluo essa Sementeira de Grãos sugerindo o conceito de Emergência Cultural para a expansão de novas formas de Ação cultural e política, agora em simbiose, pela politização da cultura e culturalização da política. Emergência Cultural enquanto práxis a ser liderada por um novo agente transformador e revolucionário: as pessoas comuns em suas comunidades, as pessoas extraordinárias nos rincões mais esquecidos, invisibilizados e silenciados, neste vasto país chamado Brasil e neste vasto continente chamado América Latina.

A Classe da Consciência vai emergir.

Pessoas extraordinárias, fazendo coisas extraordinárias, pequenas e grandes, irão mudar o mundo, já se disse. Há que saber encontrar, escutar, olhar, voltar, revolver, agitar, conturbar, mexer, voltear, mover, remexer, revoltar.

Fazer a revolução.

É preciso. Para já!

Emergência Cultural como o surgimento de novas formas de expressão e ação ética e estética. Para além do premente e urgente, o que emerge. O que se olha e não se vê, o que ouve e não se escuta, daí vai surgir o novo mundo. Porque é aí que se faz o mundo novo, em doação, compromisso, amor, coragem. Essa ação, essas manifestações, esse povo, quase nunca recebe o reconhecimento imediato dos agentes políticos tradicionais e das instituições culturais tradicionais, mas são aqueles que produzem impacto significativo na sociedade e na formação das identidades coletivas. São o chão e o salto das comunidades. Do salto das comunidades ao salto da sociedade para um novo padrão de civilização.

Pontos para o conceito de Emergência Cultural:

- *Cultura Popular como Transformadora.* Essa transformação não acontece por si, há necessidade de articular o senso comum com complexos processos de elaboração crítica. Práticas cotidianas como festivais locais, Peñas e feiras, Mutirões e *Minkas,* cultura como processo, capacitação permanente, artesanato, música, dança, contação de histórias..., desempenham papel fundamental na construção de identidades, fortalecimento das comunidades e descoberta do devir coletivo;
- *Participação, autonomia e protagonismo sociocultural.* A Emergência Cultural destaca a participação ativa das pessoas a partir de suas próprias expressões culturais. Mas não se acomoda a elas. Pela articulação em rede há o ímpeto, o salto a impulsionar os processos de participação, autonomia e protagonismo sociocultural. Para

ser efetivo e transformador o protagonismo não é individual, é da comunidade. Um dia será da sociedade, dos "de abaixo", dos invisibilizados e silenciados. Um dia irá emergir do mundo submerso. Que esse dia venha logo, é urgente e emergente.

- *Resistência e Mudança Social.* As manifestações culturais emergentes são formas de resistência e expressão política, mesmo quando não explicitado. Elas podem desafiar normas estabelecidas, promover inclusão e diversidade, e catalisar mudanças sociais relevantes ao colocar em evidência vozes e perspectivas marginalizadas. Quando em rede, em processos intensos de amálgama entre os iguais e diferentes, irão ganhar sentido revolucionário. Promovendo a autonomia das comunidades para definir e proporcionar seus rumos e suas próprias formas de arte e cultura, estruturas tradicionais de poder e a dominação cultural hegemônica (do mercado, estado e demais instituições) são rompidas;
- *Reconhecimento e valorização.* Quando o povo reconhecer e valorizar suas expressões culturais emergentes, enriquecendo o panorama cultural geral, para além de comunidades isoladas, estarão dadas as condições para uma nova forma de fazer a Revolução (em todas as suas dimensões: econômica, social, política, cultural). Haverá de emergir uma sociedade mais democrática, solidária, igualitária, justa e livre. A Revolução virá pela Emergência Cultural.

Certo dia, assistindo a uma apresentação do violeiro Paulo Freire, não o educador, mas o artista, estudioso da Cultura Popular, filho do psicanalista e escritor Roberto Freire, aprendi uma expressão que ele aprendeu com seu mestre de viola, o violeiro Manuel do Sertão das Geraes, o mesmo Sertão em que Guimarães Rosa aprendeu com outro Manuel, Manuelzão. Na cultura se aprende um com outro. Entre uma canção e outra, a prosa e a palavra nova: Exbrange. O mestre disse ao aprendiz:

> "*abranger não é suficiente, você tem uma terra e ela abrange aquilo que está dentro daquela cerca. O bom violeiro e o bom cantador só é bom mesmo quando vai além da cerca. Ele não abrange, ele exbrange.*"

Assumir a emergência cultural como ação de resistência, luta social e futuro, é se dispor a atravessar as cercas, todas as cercas.

Compreender o significado do ato que exbrange, é ir além das abrangências e fronteiras, destacando a importância das manifestações culturais populares e ancestrais quando potencializadas em rede, desencadeando processos de interação, diálogo e crítica. Exbrange é a perspectiva emancipadora do Emergir.

Quando as pessoas e comunidades se reconhecerem no verbo emergir, elas se encontrarão e se perceberão como agentes de resistência e mudança para além de suas comunidades e limites. Emergência Cultural para adquirir uma compreensão mais profunda da dinâmica social contemporânea, possibilitando a promoção de formas alternativas de participação cultural, social, política e econômica. Tumulto é teu nome. Talhada na pedra, explode o asfalto em flor. É puro movimento em grito de revolta que se transforma em ato de criação. É sementeira. Urgente e emergente.

NOTAS

[1] Segundo critérios da UNESCO, com menos de 2% da população maior de 15 anos em condições de analfabetismo

[2] Censo IBGE 2022 aponta 11,4 milhões de brasileiros que não sabiam ler e escrever um bilhete simples, bem como as 4 operações aritméticas, pelo Mutirão Paulo Freire, oito milhões sairiam dessa condição no prazo de dois anos.

[3] Uma das inspirações que eu utilizei quando propus o conceito de Ponto de Cultura

[4] Artigo de Francisca Senhorinha, arquivo do jornal "O sexo feminino"

[5] Para melhor conhecimento sobre os Parques Infantis sob a gestão Mário de Andrade em São Paulo, ler GOULART DE FARIA, Ana Lúcia – EDUCAÇÃO PRÉ-ESCOLAR E CULTURA – Ed CORTEZ/ UNICAMP, 1999, também minha dissertação de mestrado, NA TRILHA de MACUNAÍMA – ensaio para uma política pública de lazer, capítulo OS PARQUES INFANTIS na GESTÃO MÁRIO de ANDRADE – breve estudo sobre gestão pública, infância, lazer e aprendizagem, pgs. 311/321 – a ser consultado no repositório de dissertações e teses da UNICAMP.

[6] Milton Santos, em artigo escrito na década de 1990, já alertava sobre o problema de o Ensino Instrumental criar Deficientes Cívicos.

[7] Em 2022 escrevi uma proposta demonstrando a viabilidade do Mutirão Paulo Freire, publicados nos sites Revista Fórum, Brasil 21 e Outras Palavras.

[8] Carlos Drummond de Andrade, poema Nosso Tempo in. A rosa do povo

[9] DEBORD, Guy – A sociedade do espetáculo, pgs. 17/18 – Ed. Contraponto, 2004

[10] Idem, pg. 13

[11] Idem, pg 15

[12] Idem, pg. 41

[13] Antes da publicação desse livro Júlio Lobo faleceu, virou estrela.

[14] Aproximadamente US$ 200 mil, um bom dinheiro à época

[15] Enfrentei críticas por conta de realizar ação além fronteira do município sob minha jurisdição, ainda mais com uma população de presidiários. Não me arrependo e faria novamente.

[16] Lembro apenas o primeiro nome, mas considero necessário para marcar o registro.

[17] Serviço Social do Comércio

[18] Algum dia escreverei sobre o Viva São Paulo, que foi um bom ensaio para o programa Cultura Viva, quem se interessar pode encontrar vários textos que escrevi sobre o programa, que estão nos anexos de minha dissertação de mestrado, podendo ser encontrada no repositório da Unicamp

[19] O elevado Costa e Silva que corta o centro de São Paulo como uma imensa cicatriz de mais de 3 km e que é fechado ao tráfego de veículos aos domingos e nos dias de semana após as 22 horas. Com o Domingo no Minhocão, iniciado em 2001, consolidamos o uso do espaço como imensa rua de lazer aos domingos.

[20] Quando estive como secretário de cultura em Campinas eu fazia o seguinte: distribuímos uma média de dez ingressos às Casas de Cultura, via sorteio, para cada espetáculo acontecido nos Teatros Municipais, Castro Mendes e Centro de Convivência – isso por conta de a prefeitura ter a chamada Tribuna de Honra, com média de 20 ingressos em cada teatro. Sem custo, garantíamos entrada gratuita para a população da periferia da cidade utilizando uma parte desses ingressos disponíveis, muitas vezes para pessoas que nunca haviam entrado em um teatro. Creio que todo município com equipamento público de cultura dispõe dessa cota de cadeiras cativas, que muitas vezes ficam vazias. Fica a sugestão.

[21] Leonardo de Pisa ou Leonardo Fibonacci foi um matemático italiano que viveu na Idade Média entre os séculos XII e XIII, a sequência que ficou conhecida pelo nome dele, porém, tem origem remota e baseia-se nos movimentos da natureza, especificamente com os estudos de Fibonacci, ele os desenvolveu a partir de estudos sobre a evolução da população de coelhos.

[22] Da obra Macunaíma, de Mário de Andrade

[23] A quem desejar se aprofundar há um subcapítulo (Teia, p. 189 a 213) em minha tese de doutorado VIAGEM À SEMENTE – uma anamnese da Cultura Viva, que pode ser consultada no depositório de Teses da USP. Entre 2004 e 2010 realizamos quase uma centena de Teias pelo Brasil, sendo 4 nacionais, a de Fortaleza, em 2010, com mais de 5.000 pessoas de milhares de Pontos de Cultura.

[24] VIGOTSKY, l. S. – A formação social da mente, pg. 113 – Martins Fontes, 2003

[25] Apesar de não conhecer diretamente, percebo que há um movimento que se apresenta dessa forma, como TEIA DOS POVOS e pelo que observei bebe na fonte polissêmica e autonomista plantada nas Teias da Cultura Viva.

[26] DEWEY, John – Arte como experiência, pg 126/127 – Martins Fontes Livraria, 2010

[27] Neste parágrafo e nos seguintes, incluindo o próximo Grão, todas as frases entre aspas, sem nova nota de rodapé são extratos da Fratelli Tutti.

[28] Ler LACLAU, Ernesto – A razão populista, Três Estrelas – 2013; LACLAU, Ernesto e MOUFFE, Chantal – Hegemonia e Estratégia Socialista: por uma política democrática radical – Intermeios, 2015; MOUFFE, Chantal – Por um populismo de esquerda – Autonomia Literária, 2019

[29] Encontro realizado em 2016, no CEU da Cidade Dutra, zona sul de São Paulo. Organizado por mim, minha esposa Silvana e demais amigas e amigos que posteriormente nos unimos para a fundação do Instituto Casa Comum, com apoio do Instituto Olga Kos e da Prefeitura da cidade de São Paulo.

[30] Na III Teia Nacional dos Pontos de Cultura, em Brasília, o tema foi: "Nós somos iguais e somos diferentes!"

[31] Gosto muito do pensamento de Norbert Elias, a ponto de, por vezes, me sentir dialogando com ele. Foi um dos pensadores que mais utilizei na construção do conceito e filosofia para a Cultura Viva e os Pontos de Cultura. Nem cabe apontar bibliografia, pois recomendaria todos os livros dele, a começar pelo "O processo civilizador". "A busca pela excitação", sobre esportes e torcidas é também um livro muito bom, assim como "A sociedade da Corte", sobre comportamento na Corte de Versailles (me dei de presente e li antes de assumir o cargo de Secretário no Governo Federal, como uma espécie de vacina preventiva), e "Os Alemães", "Os estabelecidos e os outsiders". A biografia de Mozart é uma delícia de ler.

[32] Constato sem juízo de valor.

[33] Mestres do saber popular, da tradição africana das bibliotecas vivas transmitidas pela oralidade

[34] Vide Livro TURINO, Célio (org) "O Lazer nos Programas Sociais" – ed. Anita Garibaldi, 2003

[35] Já escrevi e repito para reafirmar

[36] Primeira Declaração de La Realidad, Selva Lancadona, Chiapas, México, janeiro de 1996 – in. O marxismo na América Latina: uma antologia de 1909 aos dias atuais – Fundação Perseu Abramo, 1999, pg. 524

[37] Ler FOUCAULT, Michel – Microfísica do Poder, Paz e Terra, 2015 e Em defesa da sociedade, Martins Fontes, 2010.

[38] Recomendo leitura de MBEMBE, Achile – Necropolítica – N-1 Edições, 2018, é um livro curto e grandioso ao mesmo tempo, direto e preciso na identificação de que "...as formas contemporâneas que subjugam a vida ao poder da morte (necropolítica) reconfiguram profundamente as relações entre resistência, sacrifício e terror".

[39] No Livro "Por todos os caminhos – Pontos de Cultura na América Latina" eu escrevi a biografia comunitária da cidade de Medellín e de como enfrentaram a violência urbana, que nos anos 1990 transformaram a cidade na mais violenta do mundo, o título do capítulo é "Medellin, – fragmentos biográficos e uma cidade" – Ed SESC-SP, 2020

[40] No Brasil, a única autoridade governamental que conheci e que se preocupava com a qualidade dos banheiros públicos foi o prefeito de Campinas, Jacó Bittar -1989/92- com quem tive a honra de trabalhar.

[41] Se possível pesquisem, procurem ver a qualidade dos equipamentos públicos da cidade, eu poderia colocar algumas fotos aqui, mas considero mais estimulante que cada um procure por si.

[42] A média de homicídios no Brasil em 2023 foi de 19,4 por cem mil.

[43] Síntese extraída de conferências de Jorge Melguizo.

[44] Na Colômbia há possibilidade de partidos municipais e candidaturas avulsas, uma boa ideia que poderia ser aplicada em outros países, certamente ajudaria muito as cidades brasileiras.

[45] Igualmente retratados em capítulos de meu livro

[46] No livro "Por todos os Caminhos" eu relato a história de três irmãs deportadas do Texas, presas em uma Casa do Imigrante em Guatemala, a despeito de filhas de imigrantes de El Salvador. A idade delas: 9, 8 e 6 anos. O crime: faziam travessuras em uma cidade no sul do Texas. Aprisionadas, tinham como única relação de humanidade e afeto o trabalho de um Ponto de Cultura, Frida Khalo, quando um casal de artistas as ensinava a desenhar flores e nuvens. A despeito das crianças não poderem visualizar as nuvens por conta das grades, imaginavam. Esse ato vil do governo do Reino Unido, de deportar imigrantes, independente do país de origem, para Ruanda, na África já vem sendo praticado pelo governo dos Estados Unidos há muitos anos, e não começou com Trump, mas com Obama e nem passou por aprovação de projeto de lei, eles simplesmente deportam e jogam as pessoas. A Guatemala, assim como Ruanda, se prestou a receber esses deportados em troca de ajuda financeira.

[47] O filme Rambo se inspira na formação dos kaibiles, que significa "levar um leopardo dentro" e que tem por lema: "se eu avançar, siga-me, se eu parar, empurre-me, se eu recuar, mate-me!". O método de formação militar na selva dura oito semanas e inclui a convivência com um cão, que será o único amigo do soldado durante o treinamento. Com o cão ele aprende a caçar e sobreviver na selva. Ao final do treinamento o soldado recebe a missão de matar o cão, esfola-lo e come-lo. Após essa etapa o Kaibile estará formado.

[48] Conto a história dela e outros no livro Por todos os caminhos.

[49] FMLN – Farabundo Marti de Libertação Nacional, organizada enquanto frente guerrilheira e luta popular sob a Guerra Civil que assolou El Salvador de 1980 ao início da década de 1990, depois transformada em Partido Político.

[50] Uma história a parte que merece ser conhecida e não cabe em uma nota, a quem quiser, está em 2 capítulos do livro Por todos os caminhos

[51] Confesso que achei estranho um jovem com gomalina no cabelo em um partido fundado por guerrilheiros abnegados, contestadores e valentes.

[52] Na El Salvador do presidente influencer e de extrema direita, tudo está encoberto por névoa, sendo imposto o terror com base em mentiras e manipulações. A começar pela alegada e vertiginosa redução da taxa de homicídio. Até 2015 a taxa era de 100 mortes violentas para cada 100 mil habitantes, durante alguns anos foi a maior do mundo, competindo apenas com os países vizinhos. Não é certo que foi com Bukele que o índice começou a cair, quando ele assumiu a presidência da república em 2019, o índice já havia caído em dois terços, estando em 35 por 100 mil. Ainda elevado, mas com redução significativa. Para 2022, anunciou-se uma taxa de homicídios de 2,6 por 100 mil habitantes, aparentemente algo extraordinário. Mas ela é real ou uma manipulação de dados? Bem ao ritmo das redes sociais. Haveria caminho mais sustentável para redução de índices de violência? Cuba e Chile são os países com menor incidência de violência na América Latina, mantendo um patamar regular há muitos anos, de 4,2 e 3,1 homicídios por 100 mil, respectivamente. Vale a pena conhecer e compreender as razões de tais resultados regulares nesses dois países. A que custo social foi imposta a redução na taxa de homicídios em El Salvador? Será que ela é verdadeira? Esse índice é resultado de encarceramento em massa de 1,2% da população (aproximadamente 70.000 pessoas, em sua maioria jovens), a maior taxa de encarceramento do mundo. Jovens são presos pelo simples fato de

haverem tatuado parte do corpo e ficam incomunicáveis, sem contato com a família e advogados por, no mínimo um ano, conforme previsto no decreto de Estado de Exceção para o combate à violência urbana. Milhares seguem desaparecidos, provavelmente mortos, o que alteraria por completo a taxa, elevando-a aos níveis anteriores. A anunciada megaprisão (CECOT – Centro de Confinamento do Terrorismo) para 40 mil presidiários é também algo farsesco. As imagens da prisão são todas do governo e até hoje nenhuma instituição independente ou órgão de imprensa pôde visita-la. Sabe-se que da capacidade para 40 mil presos há apenas 4 mil detentos, sobretudo aqueles de hierarquias superiores das Maras, o que faz supor que mais parece com a famosa La Catedral, a prisão-hotel em que Pablo Escobar esteve detido no início dos anos 1990 e de onde ele comandava o crime. Também registro o decreto presidencial tornando bitcoin e criptomoedas como moeda oficial (ao lado do dólar, que já é moeda oficial há décadas), que na prática o povo não utiliza criptomoedas em seu dia a dia. Se não há uso prático pela sociedade, qual seria a razão que não lavagem de dinheiro?

53 Há algumas coincidências entre El Salvador e Equador, antes um dos países com menores índices de violência na América do Sul. A começar por dois presidentes jovens, filhos de milionários locais. A chamada guerra às gangues e o Estado de Exceção, idem. Da mesma forma as farsas, simulacros e manipulações, como o assassinato por encomenda do candidato presidencial Fernando Villavicencio, que alterou o rumo das eleições, favorecendo a vitória do candidato Daniel Noboa e a invasão de um estúdio do canal de televisão TC, na cidade de Guayaquil. Com isso, em nome do combate à violência, vai sendo imposto um Estado de Terror, consolidando o Equador como entreposto no mundo do narcotráfico, assim como El Salvador está sendo transformado em ponto de lavagem de dinheiro do crime via criptomoedas.

54 "O céu como chapéus" – verso da canção El sombrero azul, de Ali Primera, em homenagem ao povo salvadorenho quando da guerra civil, por sua valentia e dignidade.

55 Organização para Desenvolvimento Econômico, reunindo as maiores economias do planeta.

56 O déficit previdenciário dos militares, incluindo pensões vitalícias para filhas de militares é, de longe, o mais custoso e elevado entre todos os sistemas de previdência no Brasil. A diferença entre o arrecadado e pago é de R$ 73 bilhões por ano. A despeito de novos ingressos nas Forças Armadas não mais preverem pensões vitalícias para filhas, algo

que poderia ter sentido na Guerra do Paraguai ou durante o envio de tropas à Segunda Guerra Mundial, o custo com pensões para filhas de militares é astronômico e totalmente irregular, burlando a própria lei, que prevê pensões apenas para filhas solteiras, mantendo essa prebenda de forma irregular e sem que ocorra qualquer fiscalização por parte do ministério da defesa.

[57] Dados Instituto Sou da Paz (ano de 2021)

[58] A profusão de sicários oriundos das forças policiais salta aos olhos de tão absurda, vide assassinos de Marielle Franco e Anderson Gomes, do apoio logístico ao disparo do gatilho, todos policiais ou ex-policiais

[59] CASARA, Rubens – A CONSTRUÇAO DO IDIOTA – o processo de idiossubjetivação, pg. 103 – Da Vinci Editora, 2024

[60] Em referência a poema atribuído a Mario Benedetti.

[61] BAUMAN, Zygmunt – Ensaios sobre o conceito de Cultura, pg. 21 – Ed Zahar, 2012

[62] Soma das Leis Paulo Gustavo -R$ 3,8 bilhões em parcela única- e Aldir Blanc 2 -R$ 15 bilhões em cinco anos, R$ 3 bilhões por ano- totalizando R$ 18,8 bilhões em seis anos a serem investidos diretamente na ponta dos processos criativos e artísticos, via estados e municípios.

[63] HABERMAS, Jürgen – Técnica e Ciência como ideologia, pg 46, Biblioteca de Filosofia Contemporânea, edições 70 – Portugal, 2001.

[64] Anos atrás escutei esse verso de um jovem em um Ponto de Cultura, Felipe, me foge o sobrenome.

[65] A história de mobilização por uma lei de emergência cultural sob contexto da pandemia de Covid-19 ainda precisa ser contada (prefiro não ser eu a fazê-lo). Foi uma ampla mobilização social que envolveu 40 mil pessoas entre reuniões, assembleias e consultas via plataformas de reunião na internet, tudo realizado no curto período de sessenta dias, por vezes havendo diversos encontros simultâneos, adentrando pela madrugada em escuta ativa, muita consistência filosófico-conceitual e consenso progressivo. Não há nenhum outro exemplo semelhante no mundo. Destaco a escuta atenta de Jandira Feghali, relatora do projeto inicial de uma lei em apoio à cultura sob a pandemia, de autoria da deputada Benedita da Silva, com demais projetos de apoio à cultura apensados a este, mas que pelo processo resultou em projeto totalmente novo, construído efetivamente "de baixo para cima" Registro também o papel militante e comprometido na mobilização social pela internet, no qual destaco Marcelo Ricardo Ferreira, em nome do qual homenageio as dezenas de pessoas voluntárias envolvidas no suporte à essa mobilização.

[66] Para aprofundamento sobre a lei Aldir Blanc recomendo leitura do estudo coordenado pelo professor Néstor Canclini, Emergências Culturais latino-americanas: das histórias aos acontecimentos no Brasil, com pesquisa e texto de Sharine Machado C. Melo e Juan Ignácio Brizuela – Observatório de Cultura do Itaú Cultural.

[67] Edital Prêmio Estímulo, em 1991 quando secretário de cultura em Campinas, distribuindo US$ 500 mil à época, para 72 projetos, quando praticamente inexistiam editais para a cultura no país; os editais para Pontos de Cultura com milhares e inscritos e milhares de selecionados (3.500), Griô, Economia Viva, Cultura e Saúde, Pontinhos... Registro para que não interpretem minha crítica como uma negação da necessidade de editais em situações específicas.

[68] Tão logo encerrada a apuração do primeiro turno nas eleições presidenciais de 2022 eu escrevi um artigo com propostas para reencantar o Brasil a partir das artes e cultura, publicado em diversos sites, entre os quais Revista Fórum e Outras Palavras.

[69] Ler FEDERAL ART AND NATIONAL CULTURE – the Politics of Identity in New Deal America – Jonathan Harris – Cambridge University Press, 1995

[70] Antônio Brito, para registrar.

[71] 80% de acordo com a população de cada estado, distrito federal e municípios e 20% de acordo com as regras do Fundo de participação dos Estados (FPE) e Municípios (FPM).

[72] Maria Beatriz Gonzalez Figueiredo. Registo o nome dela porque por trás de cada medida técnica, há sempre servidoras e servidores dedicados e capazes. Com a fórmula qualquer pessoa pode puxar o nome de seu município, por mais remoto, e saber previamente quanto ele irá receber de recursos na LAB1, LPG e LAB2. Tudo feito em um domingo à tarde, poucos dias antes da votação da Lei Aldir Blanc em meio à pandemia de Covid-19, eu na mesa de jantar de casa, fazendo os cálculos no papel, como gosto, e a Bia, da casa dela, fazendo os ajustes finos até que chegamos em uma fórmula de equidade na distribuição de recursos. Com ela a transferência per capita para o estado de São Paulo (a de menor valor unitário, mas com maior valor absoluto) ficou em R$ 6,00, enquanto estados como Amapá, Acre e Roraima receberam R$ 22,00, e estados do Nordeste recebendo um per capita entre R$ 10,00/12,00.

[73] Total da Lei Aldir Blanc: R$ 3 bilhões – entre 5% e 15%: entre R$ 150/450 milhões

[74] A quem for gestor público envolvido na situação: há tempo para corrigir, restituam esse valor ao montante das premiações, chamando mais projetos na lista de espera ou aqueles que apresentaram recurso quanto aos resultados. A quem quiser ouvir fica o meu conselho de gestor público aposentado, com 40 anos de atuação.

[75] Por conta disso sempre orientei a leitura total dos projetos para só depois, em releitura, se atribuir nota

[76] Nas seleções do programa Cultura Viva, enquanto estive como secretário da cidadania cultural, avaliar com justiça os recursos às nossas decisões era sagrado. Gestor que se considera onipotente e à prova de questionamento não serve para ser gestor público. Sempre busquei ampliar recursos para o atendimento da fase recursal, por vezes conseguindo até mais orçamento que para a primeira fase. No primeiro edital para seleção de Pontos de Cultura, em 2004, estavam previstos 100, selecionamos 272. Só assim foi possível chegar a 3.500 Pontos de Cultura em 1.100 municípios do país no curto espaço de 6 anos.

[77] Vide a fundação da Lava-Jato, que promotores pretendiam criar para combater a corrupção, e receber R$ 2,5 bilhões da Petrobrás, e logo já estavam abrindo empresas de palestras para a venda de serviços e conhecimentos de seu ofício como servidores públicos.

[78] Por isso, inclusive, fui me afastado cada vez mais do debate, que agora retomo contribuindo com essa Sementeira. E decidi viver no mato, e muito feliz por retornar às minhas origens caipiras, falando com passarinhos, para de vez em quando jogar sementes e grãos.

[79] Quando descentralizamos o Cultura Viva a partir de 2007, com todos os estados, mais distrito federal e dezenas de municípios, foi assim

[80] Acordar, poema de Álvaro de Campos, heterônimo de Fernando Pessoa.

[81] Juntas do Bom Governo, conforme o léxico zapatista

[82] A despeito das limitações e condicionantes foi o que busquei realizar quando na função de Secretário da Cidadania Cultural

[83] Meu avô, confeiteiro, vivia repetindo a frase "governo serve, não se serve" e nem conheceu o zapatismo, anarquismo talvez, por filho de imigrantes italianos vivendo em uma vila proletária no início do século XX – ensinamentos também são passados de avô para neto.

[84] Referência e homenagem a Raymundo Faoro.

[85] Como escrevi em Grão específico sobre o Senso Comum, este é sempre consolidado em retrospecto, fruto do que a sociedade convencionou como justo e normal, não pelo que de fato seria justo.

[86] Nesse livro prefiro não me concentrar na definição de Bem Viver, porque já o fiz em outras publicações. A quem quiser se aprofundar,

sugiro o livro do equatoriano Alberto Acosta, que eu tive a honra de escrever o prefácio à edição brasileira, O Bem Viver – uma oportunidade para imaginar outros mundos", Editoras Elefante e Autonomia Literária, 2016.

[87] Procurei o catálogo no site do Ministério da Cultura, infelizmente não encontrei, por isso coloquei PDF com a íntegra do catálogo em minha tese de doutorado "VIAGEM À SEMENTE – uma anamnese da Cultura Viva", que pode ser acessada através do repositório de teses da Universidade de São Paulo – USP.

[88] Conceito de Gramsci

[89] Me estenderia por demais se fosse aprofundar essa história, quem sabe em outra Sementeira

[90] Prefiro não entrar nessa questão nesse livro, já analisei em outros, incluindo tese de doutorado, apenas registro.

[91] Tomei contato com o termo/conceito Obdencial através de leituras do grande filósofo latinoamaericano, o argentino Enrique Dussel, recentemente falecido. Há muita convergência de pensamento e lamento não ter tido tempo para conhece-lo pessoalmente. Felizmente sigo em diálogo pelos livros. A quem se interessar, algumas sugestões de leitura: Filosofias del Sur e Filosofia da Libertação.

[92] Adoto o termo decolonialidade a descolonização, por ser mais preciso e em referência ao conceito de Colonialidade do Poder, do peruano Aníbal Quijano, já falecido.

[93] DUSSEL, Enrique – 20 Tesis de Política, p. 26, Siglo Veintiuno, 2006, Argentina; tradução do autor.

[94] Escolhi a expressão em referência e homenagem à Umberto Eco.

[95] Para usar termo em voga, que carrega um conjunto de contradições, a principal é que todos os indivíduos e comunidades são atravessados por muitos lugares, referências e valores, não havendo lugar de fala absoluto, puro em essência. Exatamente por isso, a única atividade humana em que o lugar de fala de fato é praticado é a Arte, por traspor fronteiras, lugares e tempos para muito além da imagem aparente.

[96] Heliópolis é a maior favela da cidade de São Paulo, ao lado de Paraisópolis.

[97] Imaginem o papel que os Pontos de Mídia Livre teriam quando, na década seguinte, houve um bombardeio em massa a partir da desinformação, manipulações e retórica do ódio. Lamentavelmente as medidas que "desarmaram", acabaram com os Pontos de Mídia Livre, foram do governo que assumiu em 2011. Sob a guerra da desinformação e cultural, fez falta uma potente rede de Pontos de Mídia Livre.

[98] Urgentes urgentíssimas porque sob governos que se pretendam de transformação, reformismo ou algum caráter popular, nos tempos atuais, de avanço do totalitarismo tecnofeudal, sequer podem vacilar na implantação dessas medidas. Se há um campo em que não pode haver erro, é esse.

[99] Empresa Brasileira de Comunicação, com TV e rádios.

[100] Desde a pandemia, junto com Silvana, minha companheira e presidente do Instituto Casa Comum, e com a colaboração de dezenas de criadoras e criadores, temos nos dedicado à produção de conteúdos para podcasts em áudio, audiosséries, microvídeos de filosofia, cursos e comunicação em rede. Vide site e canais do Instituto Casa Comum em redes sociais.

[101] Na América Latina estima-se uma receita de US$ 170 bilhões para 2030 segundo o estudo "O impacto econômico do audiovisual na América Latina" encomendado pela Netflix à consultoria Deloitte, a cada US$ 10,00 gastos no setor do audiovisual entre US$ 6,00 e US$ 9,00 são gerados na cadeia de suprimentos e entre 50/70% dos empregos são em outros setores para além do audiovisual.

[102] Estudo Oxford Economics.

[103] Quando da Lei Aldir Blanc 1, que ainda nem levava esse nome, fui eu que apontei que havia significativos recursos contingenciados no Fundo Nacional de Cultura e um bom caminho para atendimento ao setor cultural sob a pandemia de Covid-19 seria a alocação desses recursos para o financiamento de uma lei emergencial para cultura. Recursos acumulados em mais de uma década de contingenciamento. Junto à assessoria de Jandira Feghali fomos contabilizando o valor total que estava retido no FNC. Levando em conta o saldo de 2018 (último dado disponível em 2020) chegamos a R$ 2,87 bilhões, um valor considerável. Daí os R$ 3 bilhões para a Lei Aldir Blanc, arredondados para cima. O contexto era de confinamento agudo, mês de maio, quando a pandemia avançava com grande força e eram necessárias soluções rápidas. Todos ficamos entusiasmados por haver sido encontrado fonte consistente de recurso e em valores consideráveis. Ocorre que dias antes da votação da lei, nos demos conta que a maior parte desse recurso era "carimbada" no audiovisual, com origem na CONDECINE. Não seria justo, nem legal, que tivesse outra destinação, que não exclusivamente no audiovisual. Foi quando Jandira, relatora da lei, de forma hábil e sagaz, conseguiu incluir o valor de R$ 3 bilhões (calculado em referência ao saldo do FNC, e já consolidado no processo de construção da lei) no chamado "orçamento de

guerra" para o combate à covid. Com isso foi possível preservar integralmente os recursos do FNC arrecadados pela CONDECINE. Esse processo permitiu que, posteriormente, fosse apresentada a Lei Paulo Gustavo, tendo por fonte de recurso a liberação integral dos valores retidos no Fundo Nacional de Cultura.

104 Cláudio Prado teve relevante papel na implantação da Cultura Digital no Ministério da Cultura, faço questão de deixar esse registro. Em nome dele homenageio todas e todos os envolvidos nessa ação. Foram muitos.

105 Catálogo CULTURA VIVA, p. 24/25

106 Para os primeiros Pontos de Cultura houve a distribuição direta dos equipamentos para os estúdios multimídia. Mas essa solução se revelou muito burocrática e de difícil logística porque os equipamentos tinham que ser comprados separadamente – os computadores, as câmeras de vídeo, os microfones e mesa de áudio, os estabilizadores- e a chegada dos equipamentos não coincidia no tempo, gerando custos para armazenagem. Recordo que, após o recebimento da maioria dos equipamentos, a entrega dos kits aos Pontos de Cultura ficou paralisada por meses devido ao não recebimento de estabilizadores de energia, uma vez que a empresa que havia vencido a licitação teve falência decretada. Como não poderíamos distribuir os demais equipamentos sem os estabilizadores, fomos obrigados a alugar um grande galpão para armazenagem dos kits até a realização de nova licitação. E prazo para recurso, prazo para entrega, e mais custos, e etc, etc. Pela experiência optamos pela transferência direta de recursos para a maioria dos Pontos de Cultura, cabendo utilizar a verba correspondente no estúdio multimídia, conforme necessidade de cada um (sugestão de Aldo Rocha, querido amigo e colega de trabalho que muito contribuiu para a implantação dos Pontos de Cultura). Trabalho que envolveu muita gente, em nome de Cláudio Prado reverencio toda turma da Cultura Digital, foram muitos e muitas envolvidas e envolvidos.

107 BRIA, Francesca, entrevista concedida ao The Crypto Syllabus em parceria com Shifter, publicada em 18 de fevereiro de 2022, "Francesca Bria: 'A tokenização é a última manifestação do que podemos chamar a super-financeirização" per-financeirização"

108 O Pontão Preto Ghoéz Vive estava instalado em uma escola pública desativada, na periferia de Teresina e oferecia estúdio para gravações musicais, estúdio de design para capa de discos e cartazes, telecentro e inclusão digital (com aproximadamente 200 participantes

por dia). Além de laboratório de meta-reciclagem, com reaproveitamento de peças de computadores inutilizados (à época, versões 386, 486), que eram recondicionados, incluindo pintura em grafite na carcaça, para serem depois adquiridos pelo governo do estado do Piauí, que os utilizava na instalação de telecentros em escolas públicas. Quando visitei o Ponto de Cultura, em 2007, 20 bandas de música, compostas por jovens da periferia de Teresina e Timon já haviam gravado seus CDs naquele estúdio – 15 de Hip Hop, 3 de reggae, 2 de rock. Pelo Pontão passaram mais de 2 mil jovens, de bairros da zona sul de Teresina a vilas na vizinha cidade de Timon, no Maranhão. E o Pontão seguiu abrindo ramas, fazendo pontes entre cultura hip hop (50 jovens em street dance), cultura digital, capoeira e lutas marciais (200 alunos em capoeira e 150 em caratê), cursinho pré-vestibular (120 alunos) e rádio comunitária.

[109] Mário Vicente Góis morreu aos 33 anos, em acidente de trânsito no sul do Brasil, rapper nascido no estado do Maranhão e que vivia em São Paulo. Foi vocalista do grupo Clã Nordestino-Todo ódio à burguesia e um dos idealizadores do projeto "Fome de Livro na Quebrada".

[110] O vídeo é encontrado no YouTube, sob o título Pontos de Cultura 2005 WMV V9 , realizada em 2004, poucos dias após eu haver assumido a função de Secretário de Programas e Projetos no Ministério da Cultura.

[111] Catálogo CULTURA VIVA, p. 26

[112] A Tainã, foi uma referência para que eu pudesse evoluir na consolidação do conceito de Ponto de Cultura. Trato disso no livro PONTO DE CULTURA – o Brasil de baixo para cima, capítulo "Ponto de Cultura – a construção de uma política pública", p. 63/82.

[113] Parceiro e amigo desde quando comecei a trabalhar na secretaria de cultura do município de Campinas, em 1977.

[114] Vide Laboratório de Cultura Digital, "Uma rede em torno dos baobás", publicado em 12 de agosto de 2012.

[115] Catálogo CULTURA VIVA, pg. 26

[116] Meu livro PONTO DE CULTURA – o Brasil de baixo para cima foi lançado em Creative Commons e disponibilizei o PDF na internet

[117] Essa história precisa ser melhor estudada e compreendida, pelo grau de envolvimento e dedicação que tive, prefiro não ser eu a aprofundar a análise.

[118] Animales rimados y no tanto – poesia para crianças; Te cuento um cuento? – relatos clássicos para crianças; Cosas imposibles contos fantásticos e de terror; Guía por uma vida más libre – direitos, desejos

e decisões das mulheres e diversidades; Bajo sospecha – contos policiais; Los mundos que habitamos – histórias de mulheres e diversidades; El Nunca más – crimes da ditadura; Mucha, mucha poesia – três séculos de poesias e canções; Todo queda em família – textos de humor; 90 minutos – contos de futebol; Amores argentinos – historietas sobre contos e novelas de amor; Hubo uma vez em ete lugar – mitos e lendas deste lado do mundo; Manual del hogar – guia para manutenção da casa e a prevenção de acidentes domésticos. Esses títulos variam por caixas, havendo apenas um que está presente em todas as caixas: a Constituição da Nação Argentina.

[119] No período em que estive como Secretário apoiamos 600 Pontos de Leitura com investimento de R$ 12 milhões em valores da época, adquirindo 500 títulos por Ponto, metade em obras de ficção e a outra metade entre obras locais, livros de referência e infantis.

[120] BANHOS, Jonas e BATISTA, Pedro César, orgs – BARCA DAS LETRAS: cartas de navegação e utopias, p. 31/33 – Editora Cronos, 2022

[121] Autoria de Francisco Mendes

[122] FREIRE, Paulo – Educação como prática da liberdade, pg. 43 – PAZ E TERRA – 1967

[123] Escritório Central de Arrecadação e Distribuição, responsável por coletar e distribuir os direitos autorais a músicos e compositores.

[124] Fundo Público, a exemplo do Fundo Setorial do Audiovisual/CONDECINE, com arrecadação advinda da própria atividade econômica.

[125] Eu tenho reticências contra Agencias de Regulação conforme as implantadas pós anos 1990. Todas elas, de Saúde Complementar, Transporte, Energia, Comunicações... Parecem-me muito permeadas pela "porta giratória", quando diretores entram e saem entre agências e empresas e atividades que deveriam fiscalizar. Deveria haver mecanismos mais eficazes de controle para que elas não fiquem muito permeáveis aos interesses de grandes empresas. Mas, enfim, é esse o mecanismo em vigor no país, que ao menos funcione bem e com equilíbrio

[126] Desde criança, para distrair, gosto de fazer cálculos e abstrações. À época ensaiei alguns cálculos para a sustentabilidade do Cultura-Prev, até coloquei em papel, mas perdi, inclusive porque esse trabalho não era atribuição minha, havendo me concentrado nos Pontos de Cultura. Mas posso assegurar, é muito viável.

[127] Eu fui da primeira turma em pós-graduação específica em Administração Cultural criado no país, na PUC-SP em 1986. Curso da melhor qualidade, professores excelentes. Foi iniciativa do Ministério da Cultura, tão logo criado o ministério, Celso Furtado era o

ministro. Houve uma vaga para servidor público em Campinas e eu fui escolhido, agradeço por demais a oportunidade. Quatro anos depois, como secretário de cultura em campinas, pude dar posse aos primeiros Agentes Culturais da prefeitura, selecionados em concursos, servidores da melhor qualidade e isso fez uma grande diferença na política cultural do município.

128 A propósito, já passou da hora de o governo federal ter carreira única para os servidores da União.

129 Campinas tem Fundo de Cultura desde 1977, fico pasmo que uma cidade como São Paulo ainda não conta com um Fundo regulamentado e em funcionamento.

130 Aqui abro parêntese para fazer um pedido. Por favor, não caiam na tentação de criar distinção de valores entre os Pontos de Cultura. Para isso já há as categorias Pontão (articulador, capacitador e difusor na rede) e Pontinho. A matemática do Ponto prevê a IGUALDADE entre eles, havendo distinção e diferença há desunião e desestruturação, se quebra o conceito e a filosofia. Um Ponto maior, que atende mais gente e promove mais atividades, tem outras fontes de recursos e o valor do Ponto é uma parte do custeio, importante, porque regular, estável, mas é uma parte. Por outro lado, Pontos em áreas remotas, periféricas, em pequenos municípios, só tem esse acesso a recurso e não é justo que receba menos. Lembrem-se, nem tudo é Ponto de Cultura, não é um coletivo informais (para informais há outras categorias para acesso a recursos), tem que ter atividade regular há ao menos dois anos, sede, mesmo que em parceria, porque sem isso não há acesso público e o Ponto deixa de ser um mediador na comunidade. Ponto de Cultura não é um projeto cultural, é cultura em processo, articulada e colada na comunidade. Me estendi na nota, mas senti necessário dizê-lo antes de terminar esse livro. Aproveitando o parêntese, o valor que o Ministério decidiu destinar ao Pontos de Cultura é muito acanhado, e totalmente fora do conceito, o ideal seria nem apresentar como retomada dos Pontos de Cultura. As comunidades precisam ser tratadas com valores adequados e dignos à manutenção de suas atividades. Fecho parêntese.

131 Custo aproximado de R$ 1 bilhão por ano para 20.000 Agentes Comunitários de Cultura.

132 A quem desejar se aprofundar em Cultura Viva e Pontos de Cultura, há extensa bibliografia além dos livros de minha autoria que tratam do assunto (PONTO DE CULTURA – o Brasil de baixo para cima, Ed. Anita Garibaldi, 2009 e POR TODOS OS CAMINHOS

– Pontos de Cultura na América Latina, Ed SESC/SP 2020) e minha tese de doutorado VIAGEM À SEMENTE – que pode ser encontrada no repositório da USP, procurando pelo título ou meu nome. Eu li ao menos duas dezenas de teses de doutorado e dissertações sobre o assunto, recomendo.

[133] BATIDE, Roger – Brasil, terra de contrastes, Difel, 1964, p. 15

[134] Grifo meu. É chegado o momento de parar de se referir a Macunaíma como falta de caráter do ponto de vista moral. Por favor, a "Falta de caráter" de Macunaíma, ou do Ser brasileiro, refere-se ao caráter em formação.

[135] Prefácio preparado por Mário de Andrade à terceira edição de Macunaíma. Ver "apêndice"da 32 edição de Macunaíma: o herói sem nenhum caráter – Edi Garnier (Belo Horiznte/Rio de Janeiro), 2001, pg 169

[136] Eu tive a felicidade e privilégio de estudar na quinta série do ensino fundamental com livro didático escrito por Sérgio Buarque de Hollanda, foi quando me decidi pela História. O subtítulo "o Brasil de baixo para cima" no meu livro Ponto de Cultura foi em homenagem a referência ao pensamento dele.

[137] Conceito de Ulpiano, museólogo, arqueólogo e historiador, professor aposentado da Universidade de São Paulo. Conceito que eu apliquei quando fiz o projeto para o Museu da Cidade, em Campinas, que ganhou prêmio de melhor projeto museológico do estado de São Paulo, em 1987.

[138] Há um grande terreno entre o Museu Nacional e blocos dos ministérios, seria um bom local.